庫

H. S. クシュナー
斎藤　武［訳］

なぜ私だけが苦しむのか

現代のヨブ記

岩波書店

WHEN BAD THINGS HAPPEN TO GOOD PEOPLE
Second Edition

by Harold S. Kushner

First edition published 1981,
Second edition published 1989
by Schocken Books, Inc., a division of Random House, Inc., New York.

First Japanese edition published 1998,
this edition published 2008
by Iwanami Shoten, Publishers, Tokyo
by arrangement with Schocken Books,
a division of Random House Inc., New York
through The English Agency (Japan) Ltd., Tokyo.

アーロン・Z・クシュナーの
1963-1977
思い出に捧ぐ

ダビデは言った、
「子の生きている間に、わたしが
断食して泣いたのは、
『主がわたしをあわれんで、この子を
生かしてくださるかも知れない』
と思ったからです。
しかし今は死んだので、わたしは
どうして断食しなければならないでしょうか。
わたしは再び彼をかえらせることができますか。
わたしは彼の所に行くでしょうが、
彼はわたしの所に帰ってこないでしょう」

（サムエル記下第一二章二二―二三節）

第二版に寄せて

私はベストセラー作家になるなどとは夢にも思っていませんでした。そうなってしまった自分に驚いています。

一九八一年にこの本の初版が発売された時点では、せいぜい二百人か三百人くらいの友人や知人、それに親族の者たちが買って読んでくれるのが関の山だろうと思っていました。ところが、私のそうした思いに反して、また、出版社であるSchocken Booksの喜ばしい誤算で、この本が群を抜いてベストセラーとなり、ニューヨーク・タイムズ紙の読書欄のベストセラー・リストに一年以上の長期にわたって掲げられ続けたのです。そのうえ、この本は十か国語に翻訳され、アメリカ以外でも三つの国でベストセラーに名を連ね、オランダでは二年続けてノンフィクション部門の一位を保っていました。こうしたことより私にとって意味深いことは、この本が出版されて以来今日までの八年間、この本によって生きる勇気を得たことを伝える読者からの手紙が私の元に届かない週はただの一週としてなかったことです。

この本を読んだ多くの方がたからの手紙や電話、そして出会いを通して、私は、この世界には私が思っている以上に多くの人たちが心に傷を負いながら生きていることを知りました。一つの教区をあずかる聖職者として、私は人びとの苦しみや悩みについては知っているつもりでした。ほとんど毎週といっていいほど、私の教区の誰かが入院をしていますし、年老いた親の問題、離婚、反抗期にある子供との問題などについて相談の電話が幾本かかかってきます。月に二、三度は葬式の司式を頼まれます。ほとんどの場合が老齢による穏やかな死ですが、時には悲惨な死の場合もあります。こうした私の経験から、私は世界とはこのようなものだろうと考えていました。つまり、大多数の人びとは日々、何ごともなくそれぞれの生活を生きているのであり、時たまごく少数の人たちが苦しみや悩みに遭遇しているのだと思っていたのです。

ところが、私に寄せられた手紙には、愛する人を失った苦しみ、不治の病による心の痛み、信頼していた人に裏切られた心の痛手など、じつに沢山の人びとの痛み苦しんでいる様子が語られているのです。それまで私は、世界中、どこをみても何事もなく平穏無事な人たちばかりのなかで、私たち夫婦は子供を亡くし普通の人ではないのだと感じていました。しかし今は、世界に「普通」の人びとというのはごく少ししか存在していないことを知りました。私たち夫婦は、高名なブッシュ家やケネディー家やロックフェラー家の人びとと共通するものなど何もありませんが、彼らと同じように私たち夫婦も、隣の町内のあの家族も、街角に住むあの人たちもまた、子供を亡くした親たちなのです。

過去八年間をとおして私の学んだことで、自分では知っていると思っていたのに理解していなかったことがあります。それは、ただ単に、世界にはじつに沢山の人びとが心に痛みを抱きながら日々を生きているだけでなく、そのほとんどの人びとの心の痛みに対して伝統的な宗教はあまり役に立っていないということです。私のところには次から次へと、牧師や神父あるいは同じ信仰の仲間の言動に、以前にも増して心の傷を大きくし悲しみが増してしまった体験を綴った手紙が寄せられています。なぜ、そんなことになるのでしょうか。もしかしたら、人びとの宗教に寄せる期待が大きすぎるのかも知れません。大切な人を亡くした人びとの空しさの極みは、どれほど優れた能力を有する牧師であっても、その空しさを満たしてあげることができないほど大きいのかも知れません。亡くなった人を生き返らせることができないとしたら、悲嘆にくれている妻や母あるいは娘の悲しみをやわらげてあげることはできないのでしょうか。

私はそうではないと思います。宗教があまり役に立っていないことの理由は、たぶん、ほとんどの宗教が悲嘆にくれている人びとに対し、彼らの痛みをやわらげようとするよりも、多くの思いと時を、神を正当化し弁護することに向け、「悲劇も本当は良いことであるし、不幸に思えるこの情況も本当のところは神の偉大なご計画の中にあるのだ」と説得しているように思います。たとえば、「長い目でみれば、この経験がいつかあなたをより良い人間にしてくれるのですよ」とか、「あなたに与えられた多くのものに感謝しなさいよ」、あるいは「神さまは本当に無垢で美しい者だけを天国に召されるのだから……」といった慰めの言葉は、どんなに善意のつもりであったとしても、傷つき痛みに耐えている人びとにとっては、「自分を可哀相がるのは止めなさい。このことがあなたに起こったのにはちゃんとした理由があるのですよ」と、たしなめているように感じるのです。悲しみのただ中にある人にとっていちばん必要なことは、説教の言葉などではなく慰めを与えてくれる人なのです。温かく抱きしめてもらえたり、ほんの少しの間でもだまって聞いてもらえたなら、どんなに学識豊かな神学的説明を聞かされるより勇気を感じるものなのです。

私たちが、自分自身の困難な事態に対処したり、あるいは悩んでいる人たちの援助をしたいと願っても、思うようにうまく対処できないのは、私たち自身が心に痛みを伴う現実を受け入れることがなかなかできないからなのです。私たちは、痛みというのは何か間違ったことが起こっている徴候だと理解しており、薬を服用したり、お酒でまぎらせたり、あるいは痛みを感じるような人間関係から離れていくなどの方法で痛みさえ取り除けば、何事も正常に戻り、これ以上痛むことはないと考えているのです。私はこれまでに何百通もの女性からの手紙を受け取りました。それらの手紙には、生死にかかわる病気にかかってしまった苦しみや、障害のある子供が生まれてきたために妻子を捨てて家を出てしまった夫のことなどが綿々と綴られています。ほとんどの手紙に、彼女たちの困惑しきっている様子がうかがえます。「私にはまったく理解できません。夫は私や子供たちのことを心から愛してくれていると思っていましたのに」。

私の考えるところでは、妻子を捨てて家を出ていった夫たちの多くは、単に自分勝手な人非人ではなかったと思います。彼らは自分の家族を愛していたにちがいありません。愛していればこそ、自分が愛する者の苦悩を目のあたりにすることに耐え切れなかったのです。つまり、彼らはその痛みに対応することができなかったのです。現実を受け止め問題に対処することができないから、彼らは家を出て痛みから逃げ出すという「解決」の方法をとったのです。

悲しみにくれている人びとへの援助について講演をするとき、私は次のようなことを人びとに話しています。「ものごとには時というものがあって、手のほどこしようのない情況が確かにあるのです。あなたがどれほど努力してみても修正したり解決できないことがあるのです。それでも、そんな時にも出来ることがあるのです。悲しみに打ちひしがれている人のそばに、ただただ黙っていてあげ、その人が泣いていれば泣く手助けをしてあげるのです。そうすれば、その人が置き去りにされ一人ぼっちで淋しく泣くということはなくなるのです」。

私はまた、人びとが喪失と悲嘆によって体験するすべては、構造的には同じであって、ただその厳しさあるいは強弱の違いでしかないことを学びました。私たちは、身近な友人が遠くに行ってしまった時も、その人が死んでしまった時と同じような感情を覚えます。ただ、その厳しさあるいは強度が死別の時よりも弱いだけなのです。一人置き去りにされた喪失感、悲しみ、そして怒りを感じます。また、怒りを抱いた自分に罪意識も感じます。そうした私たちに対して、だれも「そんなに悲しまないで、もっとつらい人だっているのだから」などと言う権利はないのです。その人その人の心がそれぞれの痛みを感じるのです。そして、その人その人の心には嘆き悲しむ理由があるのです。どんな人であれ、私たちの心を時間表に照らして、「六か月が過ぎました。もう立ち直る段階にきているのですよ」などと言う権利もないのです。

何よりも私は、人間の精神あるいは魂の信じ難いほどの回復力というものについて教えられました。多くの人たちの手紙や話を通して私は、人びとが悲しみの中でも、信仰や生きようとする心のあり方の故に崩れ去ることなく生き抜いている事実に教えられました。私たち夫婦にもそうしなければならない時があったように、死を前にした子供の傍らにたたずんでいる両親と話し、「願わくばこの汚れの無い子の勇気に恥じない私たちとならしめ給え、この子の生きることのかなわなかった幾月を生き、この子が味わい知ることのできなかった生きることの喜びを味わい知る力と知恵を私たちに与えて下さい」と共に祈ったことがあります。こうした悲劇を通して彼らは、人生は善であり聖なるものであり、病気や死が悲劇にすぎないことを理解していったのです。

私は事故や凶悪な犯罪にまきこまれ、人生をめちゃくちゃにされてもなお、信じられないほどの力で、それもただ単に耐えて生きながらえているというのでなく、自分の人生を積極的に生きている多くの人びとに出会いましたし、子供の頃に受けた虐待の故の心の痛みや罪意識を長い年月をかけて払拭し、人を信じ、愛し、共に笑える自分を取り戻して、自分たちの体験を希望に変え、同じような経験で苦しみ悩んでいる人たちに自らの経験を語りかけ、援助の手をさしのべたいと願っている人たちとも話し合ってきました。そうした人びとの勇気と生きる力に、私は、畏敬の念を抱かずにはいられません。彼らのそうした力はどこから来ているのか不思議に思います。私たちが苦難にみまわれ絶望の淵にいる時、私たちを新しく生まれ変わらせる力を与えて下さるのは、神の存在以外にはないように思います。

この本を読んで下さった人たちからもっともよく問われる問いがあります。あなたは奇跡を信じていますか、という質問です。もちろん私は奇跡を信じています。しかし、その奇跡は私たちが求め、思い描いているような形で得られるものとは限りません。むしろそれは、奇跡を見るために私たちが努力して見つけ出さねば解らないものだと思います。絶望的な症状で死を目前にした子供の親が奇跡的な治癒を願って祈り、その子の伯父や伯母、祖父や祖母、そして教会や寺院の信者たちが共に祈りを捧げても、その子供が死んでしまった時、私たちは奇跡は起こらなかったと考えてしまうのでしょうか。私たちが共に捧げた祈りは徒労に帰し無駄に終わってしまったというのでしょうか。

むしろ、それはひとつの奇跡なのではないでしょうか。たしかに、その子供が生きかえるという奇跡は見られませんでした。私たちの世界には治すことのできない病気もあるのです。かすがいともいうべき大切な子供を亡くし、この上ない苦しみに身も心も引き裂かれてしまいそうなこの夫婦が、離婚して引き裂かれることなく夫婦として生きていることが奇跡なのではないでしょうか。あるいは、共に祈りを捧げてみても、何の罪もない子供が病気にかかり死んでしまうこの世の現実を目のあたりにした信者たちの信仰が、死んでしまうことなく生き続けていることが奇跡なのではないでしょうか。弱い人たちが強く生きていくのを見たり、臆病な人たちが勇気を得たり、利己的で自己中心的な人が他人を思いやることができるようになるのを見る時、私たちは奇跡が生じるのを目のあたりにしているのです。

このような奇跡を、私は幾度となく見てきましたし、私自身の中にもそうした奇跡が起こったことを知っています。多分、私たち皆がこれらと同じような奇跡を見たことがあると思っています。

私が知らない街へ行ったときなど、私の名前は知らなくても、私のこの本のタイトルを知っている人たちは多勢いるようです。「When bad things happen to good people」(善良な人に悪いことが起こるとき)という言いまわしは、人びとが人生の不公平さを語るときよく使われる表現になってきたのかも知れません。この八年間を振り返ってみて、私は三つの点で喜びを感じています。

第一に、私は世界に向かってアーロンの人生と死を話せたこと。十代の初めに自分が死んでいくことを知ったアーロンにとって、自分の生きた日々のことを伝えることが重要なことだったのです。末期の状態で死を前にした子供たちは、自分が死んでしまったら、思い出にも残らないほどの短かすぎる人生と、思い出すにはあまりにも悲しすぎる存在の故に、人びとはすぐにも自分のことを忘れ去ってしまうのではないかと恐れているのです。私たちはアーロンに、アーロンの人生は何にも増して貴く大切なのだから、私たちにとっては決して忘れることができないものなのだとくり返し話しました。私がこの本を書いたのは、そうした私と私の息子との約束を守ることでもあったのです。

第二には、この本の売れゆきが私の人生を変えたことは事実ですが、それよりもこの本によって、何十、何千という人びとの人生に変化をもたらせたことです。この本が、多くの人びとに慰めや希望を与え、再び神のもとへ帰っていく道を見いだす手伝いができたということです。私が講演などで知らない土地に行ったりすると、きまって、私によって自分の人生が変わったと話してくれる人びとに出会います。そして、それは単に私の考え方が彼らの人生を変えたのではなく、悲しみの極みを身をもって耐え、そこから生き抜いていった一人の人間としての私の存在に触発されて彼らの人生に光を見いだすことができたのだと言っています。究極的には、永遠の生命の問題なのです。つまり、私は他者の人生の中に生き、その人の人生がより良いものとなる存在であったということです。

最後に、振り返ってみますと、この本を書くということは、アーロンのいのちの贖《あがな》いであったのです。アーロンは、結婚をし、子供を育てていくだけの長さを生きませんでした。人びとの人生に影響を与えられるほどの年月も生きることがありませんでした。（ただ、彼の通っていた小さな私立の学校の級友たちの幾人かが、大学入試の作文でアーロンのことに言及し、「これまで出会った人びとのなかで最も忘れ難い人でした」と書いています。）この本が存在しなければ彼の死は、ただ一つの統計的な数字に組み入れられるだけのものでしかなく、ひとつの個人的な悲劇でしかなかったことでしょう。しかし、私は、神が、悲嘆にくれている多くの人びとに何をなさるのかを私に示して下さったのだと信じています。神は私に私自身の悲しみや苦しみを受け止める力と知恵を与え、他の人びとの援助に役立つ道具として鍛え直して下さったのです。士師記のサムソンの謎にあるように、

「どう猛なものから、なにか優しいものが生れ、死からは、生を支えるものが生じる」(士師記第一四章一四節)のです。

一九八九年　マサチューセッツ州ナティクにて

ハロルド・S・クシュナー

なぜ私はこの本を書いたか

これは、神や神学についての抽象的な本ではありません。もったいぶったことばや知的な言いまわしで問題をすり替えて、私たちにふりかかる苦しみは、ほんとうは苦しみでなく、当人がそう思い込んでいるにすぎない、などと言いくるめようとする本でもありません。

これはきわめて個人的な書物です。神と世界の善を信じ、人びとにもそのことを信じてもらいたいと人生のほとんどを捧げ、それなのに個人的な不幸にみまわれ、神や神のなさることについて教えられてきたすべてのことを根底から考え直さねばならなくなった、そのような者によって書かれた、きわめて個人的な書物なのです。

私たちの娘のエイリエルが生まれた時、息子のアーロンは二歳の誕生日を迎えたばかりでした。アーロンは聡明で元気な子供でした。二歳にもならないうちに、たくさんの種類の恐竜の名前を覚えていましたし、恐竜が絶滅したことを大人たちにしんぼう強く説明していたものです。アーロンは生後八か月で体重の増加がとまり、一歳になったころから髪が抜けおちはじめました。そのころから妻と私は、アーロンの健康について危惧を抱きだしたのです。著名な医師がアーロンを診察し、その症状になにやらむずかしい名前をくっつけて、アーロンの身長はあまり伸びないが、その他の点については正常に発達するだろうと話してくれました。

娘が生まれる少し前に、私たちの家族はニューヨークからボストンの郊外に引っ越しました。そこで私はユダヤ教会のラビ〔ユダヤ教の教師〕に就任したのです。近くに子供の成長障害を研究している小児科医がいることを知り、私たちはアーロンを連れて訪ねてみました。二か月後——娘の生まれた日——に、その医師は産科に入院中の妻を訪れ、アーロンの症状は「早老症《プロゲリア》」と呼ばれるものであると私たちに告げたのです。彼はことばを続けました。アーロンは身長はせいぜい一メートルどまり、頭や体には毛もはえず、子供のうちから小さな老人のような容貌を呈し、十代のはじめに死ぬだろうと……。

こんな宣告を受けて、いったいどうすればいいというのでしょうか？　当時の私は、若く経験の乏しいラビでした。のちには嘆き悲しむ人びとに接する体験も多く得ましたが、そのころはそうした問題にも不慣れでした。なによりも、この不公平な出来事に対する深い痛みに私はとらわれていました。こんなことが起こるなんて、どこに道理があるのだ。私は悪い人間ではなかった。神の前に正しいとされる生き方をしようと思っていた。それよりなにより、私ほど熱心に神に仕えていない人のなかにも、私より問題のない健康的な家族に恵まれている人がいるではないか。私は、自分が神の御心《みこころ》にかなう生き方をしていると思っていたのです。それなのに、なぜ私の家族にこんな不幸がおそいかかってきたのでしょうか？　もし神が存在するのなら、愛だの赦《ゆる》しだのと言う以前に、ほんのわずかでも公平をわきまえる神が存在するのならば、なぜ私をこんな目にあわせるのでしょうか？

もしかりに、私自身が気づいていないだけで、怠惰や高慢の罪が私にあり、それに対する罰だとしても、なぜそれをアーロンが受けなければならないのでしょうか？　彼は無邪気で、幸福で、活発な三歳の子供でした。その彼がどうして、毎日毎日、肉体的にも精神的にも苦しみ続けなければならないのでしょうか？　なぜ、行く先々でじろじろ見られたり、指をさされたりしなければならないのでしょう？　同じ年ごろの少年や少女たちがデートをしはじめるころになれば、自分はけっして結婚することも父親になることもないという現実をつきつけられる、そのような運命をどうして背負わなければならないのでしょうか？　とても納得できません。

　ほとんどの人と同じで、妻も私も、神は実の親と同等か、あるいはそれ以上に親身に人のめんどうをみてくれる全知全能の存在であると信じて育ってきました。もし、人が素直で従順であれば、神はきっとそれに報いてくれるだろうと信じていたのです。人が道を踏みはずすようなことがあれば、しぶしぶながら厳しく戒めてくれるのが神だと考えていたのです。神は、人が傷つくことのないように、また、自分で自分を傷つけたりすることがないように守り、人がその態度や行いにふさわしい人生を送るように見守ってくれる、と思っていたのです。

　ほとんどの人と同じで、私も人生に影をおとすさまざまな出来事について知っていました――若者が交通事故で死に、元気で愛にあふれた人が突然の病気のためにしかばねのようになってしまい、親類や近所の家庭に生まれた身体障害や精神障害の子供たちのことが、ひそひそとささやかれます。しかし、そういったことを知ったからといって、私はけっして神の正義を疑ったことがありませんでしたし、神の公平さに疑問を抱いたこともありませんでした。私は、神のほうが私よりもこの世界のことをよく知っていると思っていたのです。

そんな私たちが、アーロンのことについて、早老症《プロゲリア》という病気がいったいどんなものなのかについて、医師の説明を受ける日がやってきたのです。それは、私がかつて学んだことのすべてと相容れないものでした。私はただ心の中で、「こんなことが起きていいはずがない。世の中はそんなものではないはずだ」と、なんどもなんどもくり返すだけでした。このような悲劇は利己的で不誠実な人にふりかかるものであって、そのような人を慰めるべく、神の愛なる赦しを説くのがラビである私の役回りなのだ、と。世界について信じていたことが真実であるなら、私や私の息子の身の上にこのようなことが起こっていいのだろうか？

私は最近、ひとりのイスラエルの母親について書かれたものを読みました。彼女は、毎年、息子の誕生日になると、パーティの席を離れて自分の寝室に入り、さめざめと泣くというのです。なぜなら、息子が軍隊に入隊する日が一年近づき、息子のいのちが危険にさらされる日が一年近づいたからであり、おそらくは彼女が、戦死した息子たちの墓にたたずむ何千というイスラエルの親たちの仲間入りをする日が一年近づいたからです。その本を読んだとき、私はその婦人の気持ちが手にとるようにわかりました。毎年、妻と私はアーロンの誕生日を祝い、アーロンの成長と発達を祝うことでしょう。しかし、アーロンの誕生日は同時に、私たちにとって、アーロンが私たちのもとから取り去られてしまう日が確実に一年近づいたのだという、悲しい思いを新たにせざるをえない日でもあるのです。

私はいつかこの本を書くことになるだろうと思っていました。私が信じ、そして知るにいたるであろうもっとも大事なことをことばに表わすという必要に動かされて、書くことになるだろうと。いつか私と同じような境遇に置かれるかもしれない人びとの役に立つようにと願って、書くことになるだろうと。また、信仰をもち続けたいと思いつつも、神に対する怒りから疑いを抱き、神からの慰めを受け入れられない人びとのためにも、私は書くことになるだろうと思いました。また、神を愛し、神に献身するあまり、自分が悪かったからこんな苦しみを受けるのだと自分を責め、自分を押し殺してまで納得させている人たちのためにも書くことになるだろう、と私は思っていました。

アーロンが生き、そして死につつある時、私たちの助けとなった本や人は、そう多くはありませんでした。友人たちは助けようとしてくれましたし、親切にしてくれましたが、十分な力になってくれたとは言えません。また、私の読んだ本は、神の栄光を守ろうとすることに重きを置き、理論的な証明でもって、悪はほんとうのところは善であり、悪はこの世界を善いものにするために必要なのだと述べるのみで、死につつある子供をかかえる親たちの苦悩や困惑を癒そうとするものではありませんでした。それらの本は、自らが提起する疑問に答えようとしているだけで、私の問いにはなんら答えてくれなかったのです。

この本は、そういうたぐいの本ではないことを願います。私は、神を擁護したり、説明しようとしてこの本を書いたのではありません。すでに出版されている多くの専門書に、さらに一冊を加える必要もないでしょうし、かりにその必要があったとしても、私は正式に哲学を学んだ人間ではありません。私は、人の悲しみを体験した人間であり、根本的に神を信じる人間です。死や、病気やけがが、そして拒絶や失望によって人生に傷ついた人のために、また、この世に正義があるなら、こんなことが自分に起こるのはまちがっていると考えている人に読んでもらいたくて、この本を書きました。

そのような人にとって、神とはいったいなんなのでしょうか？　そのような人は、いったいどこに、力や希望を求めればいいのでしょうか？　もし、あなたがそのような思いを抱く人のひとりであり、神の善や公平を信じようと思いつつも、自分自身や愛する人びとにおそいかかった理不尽な不幸のために信じられないでいるとしたら、そして、この本がそうしたあなたのお役に立つことができるならば、私は、アーロンの痛みと涙からいくばくかの祝福を取り出せたことになります。

もし、私のこの本がその目的であるべき人間の苦悩や痛みからそれて、神学的解釈論にはまりこみそうになったとしても、なぜこの本を書くことになったのかというアーロンとの体験が、私を原点に引き戻してくれるだろうと願っています。

十四歳の誕生日の二日後に、アーロンは死んでいきました。この本は彼の本です。なぜなら、この世の苦悩や悪についての納得できる説明をしようとする本書の試みの成否は、アーロンと私たちが味わった体験をどれほど説明できているかにかかっているからです。アーロンの生がこの本を可能にし、アーロンの死がこの本を必要としました――その意味においても、これはアーロンの本なのです。

ハロルド・S・クシュナー

目　次

1章

なぜ、私に？

ほんとうに重要なただひとつの問い

なぜ、善良な人が不幸にみまわれるのか？

この問いこそが重要なのです。これ以外のすべての神学的な会話は、気晴らしにしかすぎません。たとえば、日曜日の新聞のクロスワード・パズルをしているようなもので、うまくことばをはめこめた場合には、ちょっとした満足感を得ることができますが、しかし結局、ほんとうに悩んでいる人びとの心を満足させることはないのです。実際のところ、私が神や宗教について人びとと有意義な話ができたときというのは、この問いから始まったときか、それとも結局この問いに向かっていったときなのです。

絶望的な病名を告げられて医師のところから戻ってきたばかりの不安でいっぱいの男女だけでなく、神の存在を信じないと語っていた大学生や、「あなたはラビですってね、どうしてそんなことが信じられるのですか……」と、パーティの帰りぎわにコートを手渡してくれただけのまったく見知らぬ人など、みな同じ問題をかかえているのです。不公平な苦しみや災いに苦しんでいるのです。

善良な人たちに対する不幸な出来事は、ただたんに苦しんでいる人たちやその家族だけの問題ではありません。それらの不幸は、正義と公平と住みよい世界を信じようとするすべての人びとにとっての問題なのです。というのは、そうした不幸のゆえに、人びとは必然的に、神の善や親切さ、さらにはその存在に対してさえ疑問を抱くことになるからです。

私は、六〇〇家族、二五〇〇人からなるコミュニティ〔ユダヤ人共同体の単位〕のラビです。病院に見舞いに行ったり、葬式の司式を務めたり、離婚や事業の失敗、あるいは子供とうまくいかないといった問題をかかえて、心を痛めている人びとを助けようと努めています。末期の病で苦しむ配偶者に付き添う人の話、長い人生がもはや祝福ではなく呪いとなってしまった老衰の両親を看病している人の話、大切な人が耐えがたい苦痛と挫折感にさいなまれているようすを見ていなければならない人たちの話に耳を傾けます。

そんなとき、そういう人たちに人生の素晴らしさや、神は私たちにふさわしいもの、私たちが必要としているものを与えてくださるということを話すのはきわめてむずかしいことです。家族やコミュニティの人びとまでが一体となって、病に苦しむ人が癒されるようにと祈ったにもかかわらず、その望みや祈りが失望に終わっていくのを幾度となく見てきました。思いもかけない人が病気になったり、傷ついたり、若くして死んでいくのも見てきました。

読者のみなさんと同じように、私も毎日、新聞を手にして、この世界における善とはいったいなんなのかという思いを新たにします。そこには無分別な殺人、とんでもない事態を招いてしまったいたずら、結婚式へ向かう途中の新郎新婦やダンスパーティを終えて家に帰る途中の高校生たちの交通事故による死などが報じられています。

そうした世間の出来事や、個人的に知った悲しい出来事などを考えあわせるとき、私は自分自身にこう問わねばならなくなるのです。「このまま、世界は素晴らしいし、優しさと愛の神はこうした出来事に対して責任をもっていらっしゃると教えていけるだろうか？」と。

そんな問題をつきつけてくるのは、聖人のような、特別な人間の悲劇ばかりとは限りません。「完全なまでに無私の心をもっている人が、なぜ苦しまなければならないのだろう？　けっしてまちがったことをしない人なのに……」と、私たちはあまり問わないでしょう。そんな人とは、ごくごくまれにしか出会わないからです。

そうではなく、私たちがたびたび問うのは、それほど善人でもそれほど悪人でもない、ごくあたりまえで、近所づきあいのよい人が、どうしてこんな突然の災難や苦しみに直面しなければならないのか、という問いなのではないでしょうか。もしも、世界が公正であるのなら、彼らはそのような災難や苦しみを受けなくてもいいはずです。彼らは、ほとんどの人びとと比べてそれほど善良というわけでもないし、それほど悪いというわけでもありません。それなのに、どうして彼らの人生だけが、ほかの人びとより困難で苦しい必要があるのでしょうか？

「なぜ、正しい人が苦しむのか？」あるいは「どうして、善良な人びとに災いがおそうのだろうか？」という問いは、殉教した聖人や賢人にのみ向けられる問いではありません。それは、自分自身や自分のごく近くにいるあたりまえの人びとが、どうして、かくも大きな悲嘆や苦痛に耐えなければならないかを理解しようとする問いなのです。

犯した罪のふさわしい報いか？

予期せぬ耐えがたい悲しみにおそわれたある家族の支えになろうと、私がその家族を訪れたのは、若いラビとして歩みはじめたころでした。その中年の夫妻には、十九歳になる頭の良い大学一年生の娘がいて、州外の大学に通っていました。ある朝、夫妻が朝食を食べているとき、大学の診療室から電話がかかってきたのでした。「残念なお知らせを申し上げなければなりません。じつはお嬢さんが今朝、登校の途中で倒れられたのです。脳の血管が破れたようなのですが、手当てする間もなく亡くなられました。ほんとうになんと言ってよいのかわかりません」。

呆然としてしまった夫妻は、近所の人に助けを求め、なにをどうしたらよいのか相談しました。その近所の人がシナゴーグ〔ユダヤ教会堂〕に知らせてきたので、私はその日のうちに彼らのところへ駆けつけたのです。私は、なんといって慰めてよいのかわからず、居ごこちの悪さを感じながら彼らの家に入っていきました。怒り、ショック、嘆きといったものを予想していたのですが、彼らが初めに言ったことは、「ラビ、私たちはこの前のヨム・キップワァーの断食の日を守らなかったのです」という、思ってもみないことばでした。

なぜ、彼らはそんなことを言ったのでしょうか？　どうして、娘の死の責任が自分たちにあると思ったのでしょうか？　いったいだれが彼らに、宗教儀式をおこたった罰として、才能に恵まれた魅力的な女性を警告もなくうちひしぐような神を信じろと教えたのでしょうか？

いつの時代でも、私たちは苦痛の意味を理解するひとつの方法として、人はその身にふさわしいものを受ける、不幸はその人の犯した罪の報いである、と考えてきました。

正しい人に言え、彼らはさいわいであると。
彼らはその行いの実を食べるからである。
悪しき者はわざわいだ、彼は災をうける。
その手のなした事が彼に報いられるからである。
（イザヤ書第三章一〇―一一節）

しかしユダの長子エルは主の前に悪い者であったので、主は彼を殺された。
（創世記第三八章七節）

正しい人にはなんの害悪も生じない、
しかし悪しき者は災をもって満たされる。
（箴言第一二章二一節）

考えてみよ、だれが罪のないのに、
滅ぼされた者があるか。

どこに正しい者で、断ち滅ぼされた者があるか。　　（ヨブ記第四章七節）

このような考え方は、罪の意識について考える後の章でもとりあげることになるでしょう。神は正しい裁きをするお方であり、災いが人(とくに自分以外の人)をおそうのは犯した罪の当然の報いだ、という考え方にはそれなりに説得力があります。そう信じることによって、世界は秩序を保ち、理解可能なものとなるのです。善い行いをすべきであって罪を犯すべきでないことを説くのに、これ以上の理由はありません。そして、そう信じることによって私たちは、全知全能かつ愛である神のイメージを持ち続けることが可能になるわけです。

人間の本性、つまりだれも完全無欠ではないという事実、あるいは、すべきでないのにやってしまった行為の一つや二つはだれにでもあるという事実を考えるなら、私たちに起こった出来事が妥当であることを示す根拠には事欠きません。しかし、そんな答えがどれほどの慰めになるというのでしょう?　宗教的にどれほどの正当性があるというのでしょうか?

私が慰めようとした夫妻、十九歳になる一人娘をなんの警告もなく亡くした父と母は、信仰深い人たちではありませんでした。彼らはユダヤ教の礼拝に出席するわけでもありませんでしたし、多くの不信心なユダヤ人でさえが守るヨム・ヤップワァーの断食も守りませんでした。しかし、悲劇におそわれ途方にくれてしまったとき、彼らは、犯した罪のつぐないがきたのだという基本的な信仰に立ち返ったのです。娘の死の責任は自分たちにある、自分たちが自己中心的な人間でなく、六か月前のヨム・ヤップワァーの断食をもっと熱心に守っていたら、娘は死なずにすんだのだ、と感じたのです。あまりにも厳しいつぐないを求めた神に怒りを感じていましたが、その気持ちを表現すると、神にふたたび罰せられるのではないかと恐れていました。彼らにとって人生は厳しく、苦痛をともなうものであり、宗教はまったく安らぎを与えてくれませんでした。むしろ、宗教が彼らの気持ちをことさらみじめにしていたのです。

災いの問題を考えるにあたって、神はその人にふさわしいものを与え、不幸はその人のまちがった行いのゆえだというとらえ方は、それなりにすっきりしていて、そう考えたくもなる解決方法ですが、いくつかの限界があります。これまで見てきたように、その考えは、人に自分自身を責めるように教えます。根拠のない罪意識を与えてしまうのです。人びとは神を憎み、あまつさえ自分自身を憎みはじめます。そして、この考え方のなにより困る点は、それが事実に反しているということです。

もし私たちが、マス・メディアがこれほど発達する前の時代に生きていたとしたら、当時の知識人たちのように、この考え方を信じることができたかもしれません。その時代は信じることが容易でした。善人にふりかかる災いは、今よりずっと少なかったでしょうから、無視していることもできたでしょう。新聞もテレビも、歴史の本もないのですから、ときたま生じる子供の死や聖人のような隣人の死は、見て見ぬふりをしていればよかったのです。

しかし今日、私たちは世界のようすをあまりにも知りすぎてしまいました。アウシュビッツやミライ〔ベトナムの村〕の悲惨を知っていながら、あるいは病院や老人ホームの実態を知っていながら、いったいだれが、そうした痛みや苦しみに対する答えだと、イザヤ書を引用して、「正しい人に言え、彼らはさいわいである」などと言うことができるでしょうか。今日、このような命題を信じるためには、すべての事実を否定するか、あるいは「正しさ」ということばのもつ意味のほうを、動かぬ事実に合うように定義し直さなければなりません。正直さとか情け深さにかかわりなく長く健康に生きた人が正しい人であって、賞賛に値する人生を送った人でも苦しみを味わった人は悪人だと言わなければなりません。

これはほんとうにあった話です。私の知人の子供で十一歳になる男の子が，学校で眼の定期検査を受け、近視だからメガネを使用したほうがよいと診断されました。彼の両親も姉もメガネをかけているので、だれも驚きませんでした。しかし、どういうわけか、その子は深く思い悩み、だれにもその理由を話そうとしませんでした。でも、とうとうある夜、母親がその子を寝かしつけようとしていたとき、話しはじめました。

眼の検査を受けるちょうど一週間前、その子は、二人の年長の友人といっしょに、近所の人が収集日に外に出していたゴミの山を物色していたのですが、『プレイボーイ』という雑誌が出てきたというのです。少年たちはなにか後ろめたい思いを抱きながら、それでも裸の女性の写真にしばらくのあいだ見入っていました。数日後、学校の眼の検査でメガネが必要だと告げられたとき、その子は、あんな写真を見た罰として神が自分の眼を見えなくしようとしている、これはその前兆だ、と思い込んでしまったのでした。

時間がたてば明らかになるのか？

長い目で見さえするなら、人は自分でまいた種を刈り取るのだと言って、私たちは人生の苦難の意味を自らに納得させようとすることがあります。不幸な出来事にでくわしたその時には、人生は不公平なものに見えるし、罪のない人が苦しんでいるようにも見えます。が、十分な時間がたってみると、神の計画の正しさが現われてくるのだ、と信じるのです。
ですから、たとえば詩篇の第九二篇には、素晴らしい世界、欠点のひとつだにない正義の世界を与えてくれた神への賛美があります。それはまた、愚かな人がこの世界に欠点を見いだすのは、神の正義が実現するまでの時間を待とうとしないからだと言っているようです。

主よ、あなたのみわざは
いかに大いなることでしょう。
あなたのもろもろの思いは、いとも深く、
鈍い者は知ることができず、
愚かな者はこれを悟ることができません。
たとい、悪しき者は草のようにもえいで、
不義を行う者はことごとく栄えても、

彼らはとこしえに滅びに定められているのです。
正しい者はなつめやしの木のように栄え、
レバノンの香柏《こうはく》のように育ち、
主の正しいことを示すでしょう。
主はわが岩です。
主には少しの不義もありません。
（詩篇第九二篇五―七・一二・一五節）

詩篇の作者は、神の正義と公正をいささかも水でうすめることなく、「邪悪」を説明しようとしているのです。「邪悪」を「草」にたとえ、「正義」を「なつめやし」や「香柏」にたとえて、両者を比較しています。草の種となつめやしの種を同じ日にまいたとしたら、草のほうがずっと早く芽を出しはじめることでしょう。自然についてまったく知識のない人がそうした状況を見るなら、草のほうが生長が早いから、なつめやしの木よりも強く大きく育つだろうと考えるでしょう。しかし、経験豊かな人ならば、草の芽の勢いは一時的なもので、数か月もすれば枯れて死んでしまうが、木のほうは、ゆっくりではあっても大きくまっすぐに生長し、数世代にわたって生き続ける、ということを知っていることでしょう。

それと同じように、愚かで短気な人は、悪人の繁栄や正直な人の苦しみを見て、悪人として生きることは引き合うと短絡するのだ、と詩篇の作者は言っているのです。状況をもっと長い目で見てごらんなさい、悪しき人は草のように枯れるが、正しい人はなつめやしや香柏の木のように、ゆっくりだがまちがいなく繁栄するだろう、と。

もし、この詩篇第九二篇の作者に会うことができたら、私はまず最初に、霊想の文学の最高傑作を創作されたことに対してお祝いを述べることでしょう。不正直で良心をもたない輩は、しばらくは栄えることが多いが、ついには正しい者が追いつくのだ、という彼の見方が、私たちの住む世界についての洞察力ある重要な意見であることを認めるのにやぶさかではありません。

ミルトン・スタインバーグというユダヤ教のラビもつぎのように書いています。「人間の世界の出来事を考えてみよ。いつわりは立ちゆくことができない。悪は自ら破壊へと向かう。すべての暴政はいつかそれ自体に破滅をもたらす。これを、固く立って動かない正義と真実の力と比べてみよ。悪をくじき善を支持するなんらかの計画がはたらいていないのであれば、こんなにはっきりした明暗が現われることがあるだろうか」(『信仰の構造』)。

　しかし、そうは言っても私は、彼の神学にはかくあれかしという願望が多く含まれていることを指摘しないわけにはいきません。かりに、邪悪な人びとは邪悪さから逃れることができず、なんらかのかたちでそのつぐないをすることになる、ということを認めたとしても、私は「正しい者はなつめやしの木のように栄え」という彼の主張に「然り《アーメン》」とは言えないのです。詩篇の作者は、正しい人は、十分な時間があれば、邪悪な者を乗り越えて人生の素晴らしさを勝ちとるのだと信じさせようとしています。しかし、これらの出来事の背後におられるであろう神が、いつでも正しい人に悪を乗り越えていく十分な時間を与えるとは限らない事実を、彼はどのように説明するのでしょうか？　人生の仕事を成し遂げられずに死んでいく正しい人がおり、喜びではなく刑罰のように人生の残りの日々を数える人がいるのです。悲しいことですが、世界は、詩篇の作者が私たちに信じさせようとしたほどにはきちんとした場所ではないのです。

　私は、長い年月のあいだ一生懸命働いて、ようやくつつましい成功をおさめたにもかかわらず、信じていた人にだまされて破産してしまった知人のことを考えてしまいます。悪い人の勝利はたんに一時的なもので、その人の邪悪さそのものがいつかその人を滅ぼすのです、と私は彼に話すこともできるでしょう。

しかし、もはや若くはないその人は、失望し、疲れはて、この世界に対して悲観的になっています。神の公平さが悪を滅ぼし、この人がふたたび栄えるまでの長い年月の間、いったいだれが彼の子供たちを大学にやってくれるのでしょう？ 老いの坂とともに必要になってくる医療費は、いったいだれが払ってくれるのでしょうか？ ミルトン・スタインバーグと共に、私がどれほど強く、正義はいつか実現すると信じたいと願っても、失ったものを回復するまでその知人が長生きすることを保証してあげることが私にできるでしょうか？ 長い目で見れば、正しい者はなつめやしの木のように栄え、神の正しいことが証明されるという、詩篇作者の楽観主義を共有することはできません。私はそのことを知りました。

はかり知れない理由があるのか？

不幸にみまわれた人は往々にして、神の意志によってこういう結果になったのであり、神の意志は自分たちのはかり知るところではない、と考えて自分を納得させようとします。

ヘレンという名の女性のことを考えます。ヘレンはほんの少し歩いたり、並んで待ったりするだけで、疲労を感じるようになっている自分に気づいたとき、彼女の心配が始まりました。彼女はそれを、年齢や多少肥り気味なせいだと考えていました。しかし、ある夜、友人たちと夕食を共にして帰宅したとき、ヘレンは玄関のドアのところでよろめき、ランプを押したおし、自らも床にたおれてしまったのです。彼女の夫は、ほんの一口か二口のワインに酔ってしまったと、冗談にしてとりあおうとしなかったのですが、ヘレンは笑ってすまされる問題ではないと感じ、翌朝、医師の予約をとりました。

ヘレンの病気は多発性硬化症と診断されました。医師の説明によると、それは徐々に悪化する退行性の神経疾患で、急速に悪化するかもしれないし、数年間のうちにだんだん悪くなるものかもしれない、ということでした。やがて、他人の助けがないと歩くのもおぼつかないほどになり、最後には車椅子から離れられなくなり、排泄も自分の意思どおりにはできず、容態は悪化する一方で、ついには死を迎えることになるというのです。

恐れていた最悪の事態がやってきたのです。診断の結果を知らされた時、思いあまってヘレンは泣きくずれました。「どうして、この私にこんなことが起こらなければならないの？　なにも悪いことをしていないのに。私には、私を必要としている夫や幼い子供たちがいるのよ。こんな仕打ちを受ける覚えなんかないわ。どうして、神さまはこんな苦しみを与えるの？」。

彼女の夫は彼女の手をにぎり、慰めようとしました。「そんなことを言うもんじゃないよ。これにはきっと神さまのお考えがあるんだ、ぼくたち人間があれこれ言うもんじゃない。神さまを信じるんだ。もし神さまが治そうと思われるなら治るだろうし、そうでなければ、そこにはきっとなにか目的があるんだから」。

ヘレンはそのことばのなかに、安らぎと勇気を見いだそうと努めました。自分には理解できないけれど、この苦しみにはなにか目的があるのだという考え方によって、彼女はなんとかして心の平安を得たいと願いました。そう考えることで、ある程度の納得をしたいと思いました。彼女はこれまでの生涯を通して――宗教教育を施す学校においても科学の授業においても――世界は均衡がとれている、つまりなにごとにもそれぞれの理由があるのだ、と教えられてきたのです。彼女は、神がすべてを支配しているということをなんとしても信じ続けたい、その信仰をもち続けたいと闘いました。もし神が支配されていないのなら、いったいだれが支配しているのでしょう。多発性硬化症の状態で生きるのは苦しいことです。しかし、それよりも、人は理由もなく災難にみまわれ、神は世界となんのかかわりもなく、運転席にはだれも座っていないという考えをかかえて生きていくことは、もっと苦しいことでした。

ヘレンは神を疑ったり、神に怒りを抱いたりはしたくありませんでした。しかし、夫のことばは、彼女の見捨てられたという思いと困惑を大きくしただけでした。どのようなありがたい神の目的が、彼女の直面している苦しみを正当化できるというのでしょうか？　こんな状態のいったいどこに善があると言えるのでしょうか？　神への怒りを抑えようと努力すればするほど、胸の中には怒りや、傷つけられ裏切られたという思いがあふれてくるのです。彼女は善良な人間でした。完全無欠ではなかったでしょうが、誠実で、働き者で、思いやりもありました。善良さにおいて人より劣るということはありませんでしたし、彼女ほど善良でなくとも健康な人はいくらもいました。神はどのような理由で彼女をこんな目にあわせているのでしょうか？　そのうえ彼女は、神に対して怒りを抱く自分に罪の意識すら感じているのです。

不安と苦しみのなかで彼女は孤独でした。もし神がなんらかの理由によって彼女にこの災難を与え、彼女が苦しむことを求めたのだとしたら、この病気を癒してくださいなどと、矛盾したことを神に求めることができるでしょうか？

一九二四年に、文学者であるソーントン・ワイルダーは、『サン・ルイス・レイ橋』という作品のなかでこの問いに取り組んでいます。ペルーの小さな街で、ある日、峡谷にかかる吊橋が切れ、橋を渡っていた五人が墜落死してしまいました。若いカトリックの神父がたまたまその出来事を目撃しており、悩みました。それは純然たる偶然の事故だったのか、それとも、これら五人の人たちがこのような死に方をしなければならないとする神の意志だったのか、という疑問を感じたのです。そこで彼は、この五人の生前の生活を調べました。そして、五人が五人とも、ちょうどその時、問題に満ちた状況から抜け出したばかりで、それぞれに新しい人生の局面を迎えようとしていたという不思議な結果を得たのです。それで、その若い神父は、五人のそれぞれにとって、このたびの死は妥当な時に訪れたのだと考えたのです。

正直なところ、私はそのような答えにはまったくもって納得がゆきません。ワイルダーの吊橋を渡っていた五人の通行人のかわりに、二五〇人の乗客を乗せた飛行機が墜落したと考えてみましょう。乗客のすべてが、それぞれの人生においてなんらかの解決を見いだしたばかりだと想像するのは、多少無理があります。墜落を報じる新聞に掲載される記事は、まったく逆のことを示しています——犠牲者の多くが責任ある仕事に取り組んでいる最中だったり、まだ若い妻子を残していたりで、多くのことをやり残していることがうかがえるのです。小説のなかでは、作者の想像力によって事実はうまく作られ、突然の悲劇が筋書きどおりに生じます。しかし、私の経験によれば、実際の人生はそれほど手ぎわよく進んではくれません。

たぶん、ソーントン・ワイルダー自身もそのことに気づいたのでしょう。『サン・ルイス・レイ橋』を書いてから四十年以上も経て、年をとり思慮深くなったワイルダーは、なぜ善い人に災いがおそうのかという問いを、『第八の日に』という作品のなかで問い直しています。それは、善良で慎み深い男の人生が、不運と敵意によって破滅するという物語です。男とその家族が、罪もないのに苦しむのです。結末は、悪が滅んで正義が勝つというような、読者が望むめでたい結果にはなっていません。

そのかわりワイルダーは、読む者に美しいつづれ織りの印象を与えています。表から見ると、それは複雑な編み物の芸術ともいうべきもので、長さや色の異なる糸が織り重なって感動的な絵が描かれています。しかし、そのつづれ織りを裏返してみると、長かったり短かったり、プツンと切られていたり結ばれていたり、あっちにいったりこっちにいったりの、糸の寄せ集めを見ることでしょう。これが、なぜ善人が災いにおそわれなければならないのかという問題に対するワイルダーの説明なのです。神は私たちすべての人生がふさわしく織りなされるように模様を考えている、というのです。神の構図は、ある人の人生をねじ曲げ、結び目をつけ、短く刈り込み、ある人の人生を長いままに残している。それは、ある糸が別の糸よりも優れているからではなく、ただたんに構図にかなうためにそうなっているというのです。

人生を私たちの側からながめるなら、神の処罰や報奨の形は、独断的で構図もない、まるで裏から見るつづれ織りのようです。しかし、私たちの人生を外から、神の側から見てみると、ゆがめられたものや結び止められたもののそれぞれが、素晴らしい構図を生み出すために適切な位置にあり、立派な芸術作品を作り出していることがわかるというのです。

この考えには、なかなか人の心を動かすものがありますし、多くの人がこの考えによって慰めや安心を得るだろうと思います。理由のない苦しみ、身に覚えのない罪に対する罰としての苦しみというのは耐えがたいものです。しかし、苦しみが神の偉大な作品に対する貢献であると考えるならば、その苦しみは、耐え切れるものになるだけでなく、名誉なことにさえなるのです。だからこそ、中世の時代、不幸にみまわれたある人は、このように祈ったとされるのです。「なんのための苦しみかは教えてくださらなくてもかまいません。ただ、神よ、この苦しみがあなたのためのものであるという確信を与えてください」。

しかしながら、よくよく考えてみると、この考え方にも願望が含まれています。苦しむ人に対する思いやりは感じますが、この考えの土台になっているのはやはり、希望的な考えなのです。子供が小児麻痺になる、若い夫や若い父親が死ぬ、罪のない人が悪意あるうわさ話によって地位や名誉を失う――そうしたことはすべて現実のことがらなのです。私たちがこの目で見る現実なのです。しかし、ワイルダーの語るつづれ織りを見た人はだれもいません。彼が言えるのは、「そのようなつづれ織りがあるかもしれないと想像してください」ということだけなのです。現実の問題に対する仮定的な解決というのは、私には受け入れることができません。

「私はアドルフ・ヒトラー、あるいは凶悪犯ジョン・ディーリンジャーを信頼している。なぜあんなことをしたのか説明することはできないけれど、しかるべき理由もなく、彼らがあんなことをしたとは信じられない」などという人の話を、私たちはどのくらい真面目に受けとることができるでしょうか。それなのに、神が罪もない人に科した死や悲劇を、人びとは同じことばでもって正当化しようとしているのです。

そのうえ、人間ひとりの価値は地球よりも重いという私の宗教的信念からいっても、罪もない人の痛みに憤らないような考え方、人間の痛みを美学的価値に寄与するものとして容赦するような考え方には、納得することができません。もし、芸術家や戸主が、人の心を強く打つような作品のためだとか、価値のあるものをつくり出すためだといって、子供たちに苦痛を強いるようなことをしたなら、私たちはその人を刑務所に送るでしょう。最終的にそれがどれほど素晴らしい結果となるのかは知りませんが、まったく理にかなわない苦しみを人に負わせる神を、どうして別扱いして許す必要があるのでしょうか？

肉体の痛みと精神的苦痛の日々に思い悩み、ヘレンは、神と善である世界への少女のころの素直な信仰を、もはやまもることはできないと考えました。彼女は家族に、友人たちに、そして聖職者に、どうしてこのような残酷なことが自分に起こらなければならないのか、いや、ほかにも、このような目にあわされる人がいるのは、なぜなのかという疑問をぶつけました。もしほんとうに神がいるのなら、私は神を憎むし、私にこんなみじめな思いをさせる「立派な構図」を憎む、とヘレンは言っています。

なにかを教えようとしているのか？

さて、もうひとつの問いについて考えてみましょう。「苦難」には教育的意味があるか否か、という問いです。苦しみは私たちの欠点を正し、より良い人間にしてくれるのでしょうか？

神は理由があって私たちに苦しみを与える、と信じたがる宗教心の厚い人びとは、神の理由というのがなんなのか想像しようとします。ジョセフ・B・ソルヴェチックという、われわれの世代のユダヤ教正統派の偉大な教師のことばを借りて言えば、「苦しみは徳を高め、高慢さや浅薄な考えを浄化し、その人をより大きくするためにある。つまり、苦しみの目的は、その人の人格の欠点を修正することにある」というわけです。

ちょうど、親が愛する子供のためを思ってその子を罰するように、神は私たちを罰するのです。交通量の多い道路で遊んでいる子供を叱ったり、夕食前にお菓子を与えなかったりする親は、意地悪なわけでも、厳しすぎるわけでも、不公平なわけでもありません。むしろ、子供のことに気を配っている責任ある親ということができます。ときには、大切なことをしっかり教えるために子供のお尻をたたいたり、ものを取り上げたりしなければならないこともあるのです。その子は、ほかの子供たちには許されていることなのに、どうして自分には許されないのだろうと、親の横暴を感じるかもしれません。優しそうな親なのにどうしてこんなに厳しい仕打ちをするのかと、不思議に思うかもしれません。でも、それはその子がまだ幼いからなのです。大きくなったら、そうしたことの必要性や大切さを理解するようになるでしょう。

同様に、神も、思いやりに富む賢い親のように私たちをはぐくみ、傷つかないようにまもり、ときには私たちが望むものをあえて与えず、犯した過ちの重大さに気づくように叱りもするのだと、私たちは教わりました。私たちが神の「不公平」を嘆いても、いつか成長してそれらのことがすべて自分のためだったと理解する日がくるまで、忍耐強く待っていてくださるのだと教わりました。「主は、愛する者を、戒められるからである、あたかも父がその愛する子を戒めるように」(箴言第三章一二節)。

最近の新聞に、骨董品の商売を始めるために六年間、世界中を旅して商品を買い求めてきた中年の女性の話が掲載されていました。開店の一週間前、思いもかけない漏電によって火災が発生し、彼女の店を含めいくつかの商店が焼けてしまいました。二度と探し出せない、値段もつけられないような商品ですから、保険で補償されるといっても、それは本来の価値のほんの一部分でしかありません。保険会社がいくら払ってくれようと、それで収集と探索の六年間がつぐなわれるわけではありません。気の毒に、その女性は気も狂わんばかりでした。「どうしてこんなことになったの、どうして私がこんな目にあうの?」。

ひとりの友人が彼女を慰めようとして、こんなふうに話しました。「たぶん、神さまはあなたになにか教えようとされているのよ。あなたにお金持ちになってほしくないっておっしゃっているのかもしれないわ。あなたがやり手の女性実業家になって、朝から晩まで収益の計算をしたり、年に一度は商品の買付けのために極東くんだりまで出かけていくことを望んでいらっしゃらないのよ。神さまはあなたに、なにか別のことに情熱を燃やしてもらいたくて、今度のようなかたちでそれとなく告げていらっしゃるのじゃないかしら」。

また、ある教師は、つぎのようなたとえ話を用いています。もし医学についてなにも知らない人が病院の手術室に入っていって、医師や看護師が手術を行なっているのを見たら、その人はきっと、犯罪者の一群がかわいそうな犠牲者を拷問にかけていると思うことでしょう。患者を押えつけ、円錐状のもので鼻と口をおおって息ができないようにし、ナイフや針を突き立てていると。手術を理解している人だけが、医師や看護師のしていることは、患者を苦しめるためではなく助けるためなのだということを認識できるのです。それと同じように、神もまた私たちを助けるために、私たちに苦しい思いをさせる、というのです。

年長の友人と薬局を経営していた、ロンという若い薬剤師の場合を考えてみましょう。ロンがその薬局を手に入れて商売を始めたころ、年長の同僚が彼に、この店はこのところ何度か、現金と薬を狙う麻薬中毒の若者たちに押し込まれている、と話しました。ある日、ロンがそろそろ店じまいをしようとしていたとき、十代の麻薬中毒者がピストルをロンに突きつけ、薬と現金を出せと脅したのです。ロンは闘って英雄になるより、今日の売上げはあきらめようと考えました。しかし、レジを開けようとした手はふるえ、ふりかえった拍子によろめいてカウンターに手をつきました。強盗はロンがピストルを取ろうとしているのだと思い、手にしていたピストルの引き金を引いたのでした。弾丸はロンの腹部を貫通し、脊髄に達しました。医師は弾丸を取り除きましたが、癒えない傷が残りました。二度と自分の足で歩くことができなくなってしまったのです。

友人たちは彼を慰めようとしました。ロンの手を握り、同情する者。下半身不随のための新しい治療薬の話や、どこかで読んだ奇跡的回復の物語を話す者。また、どうしてこんなことが起こったのかロンにわからせようとし、ロンの抱いている「なぜ、ぼくがこんな目にあわなければならないのか？」という問いに答えようとした者もありました。

ある友人は言いました。「人生にふりかかるあらゆることには、なにか理由があるとぼくは信じている。なにはともあれ、すべてのことはぼくたちのためになることなんだとね。こんなふうに考えてみたらどうだろう。きみはいつもずいぶんうぬぼれ屋で、女の子に人気があって、派手な車に乗っていた。金儲けの自信でいっぱいだったし、それに、きみの考えについていけない連中をかえりみようとしなかった。今度のことで、神はきみになにか教えよう、もっと思慮深く、他人を思いやれる人間になってもらおうとしていらっしゃるんじゃないだろうか。きっと今度のことで、神はきみからうぬぼれや傲慢を取り除いて、立派に成長させてやろうと考えておられるのだろう。きみをもっと素晴らしい、思いやりのある人間にしようとされているんだ」。

その友人はロンに、この理不尽な事故に意味を見いださせ、慰めようとしたのです。しかし、もしあなたがロンの立場にいたら、どんな思いがするでしょう？　ロンは、もし自分が病院のベッドに伏せっている身でさえなかったら、その友人をなぐりつけているところだったと、そのときの気持ちを語っています。どんな権利があって、五体満足で健康な人――車を運転して家に帰ることもできれば、自分の足で階段をのぼることもでき、テニスをするのを楽しみにしているような人――がロンに向かって、きみの身の上に起こったことは良いことで、きみに最善をもたらしてくれることなのだ、などと言えるのでしょう？

このように納得しようとすることの問題は、それが苦しんでいる人の支えになることもなければ、苦しみの理由の説明にもならないということです。それはただ、神の立場をまもり、あれこれことばや考えを費やして悪を善、痛みを恩恵と言い換えることでしかないのです。神はすべてを支配している慈愛に満ちた存在であると固く信じ、その信念に反しないように、事実をうまく解釈しようとする人が考え出した答えなのです。外科医が人を助けるためにナイフを突き立てるというのは事実でしょうが、人にナイフを突き立てる者すべてが外科医というわけではありません。その人のためを思い、愛する人につらい思いをさせなければならないこともあるかもしれません。しかし、苦痛のすべてが、その人のためを思って与えられたものだとは限らないのです。

もし、欠点と処罰のあいだになんらかの明確な関連があるのなら、悲劇や苦しみは人格の欠点を「修正」するためなのだ、ということもずっと信じやすくなるでしょう。子供がなにかまちがったことをすると厳しく叱るくせに、なんのために叱られているのかをはっきりと教えてやらないような親は、とても責任ある親とはいえません。ところが今までのところ、苦しみは、悪いところを正すようにと神が与えた戒めであると説明する人たちも、それではいったいどこを、どのように変えたらいいのか、具体的に示すことができないのです。

ロンに起こった事故は、彼を思いやりのある人間にするためなのではなく、彼の友人や家族の人たちを、身体障害者の苦しみを理解できる人間にするためなのだと説明することもできるでしょうが、それも苦しんでいる人の助けにはなりません。未熟児や障害児を出産する女性の場合だと、それは彼女らの心を広く深いものにし、同情の心と違った種類の愛を教えるための神の計画の一部なのだ、とでも言うのでしょうか。

親がちょっと目を離したすきに、窓から落ちたりプールで溺れて死んだ子供たちの話を聞いたことがあるでしょう。どうして神は、罪もない子供にそのようなことが起こるのを許しているのでしょうか？　子供に知らない場所を探検するときの心構えを教えている、などということはありえません。なぜなら、教え終わったときには、子供は死んでしまっているのですから。それでは、親やベビーシッターにもっと注意深くありなさいと教えているのでしょうか？　子供のいのちと引換えにするには、あまりにも取るに足りない教訓です。あるいは、もっと人の痛みのわかる同情心に富んだ人間になって生命や健康ということに感謝する生き方をせよ、という戒めなのでしょうか？　また、安全性のより良い基準を考え、将来の何百といういのちを救うために立ち上がらせようとしているのでしょうか。そうだとしても、やはり犠牲の代償が高すぎますし、そんな理由づけは、人の生命の価値をあまりにも無視しすぎています。

神が障害児をつくったのは、周囲の人間が同情の心や感謝の気持ちを学ぶためなのだ、などと言う人たちに私は怒りを覚えます。だれかの精神的な感性を深めるために、どうして神は人ひとりの人生をそんなにまでゆがめてしまわなければならないのですか。

信仰の強さを試しているのか?

苦しみはそれを受ける人にそれだけの理由があるからだとか、その人の欠点を「修正」するためだという説明に満足できないとしたら、それでは、悲劇とは試練《テスト》である、という解釈は受け入れることができるでしょうか? 死に臨んでいる子供をもつ親たちの多くは、その重荷を理解し、受け入れることができるようにと、創世記の第二二章を読むことをすすめられます。そこには、神がアブラハムに、アブラハムが愛してやまない息子のイサクをいけにえとして献げるように命じたことが記されています。この章は、「これらの事の後、神はアブラハムを試みた」ということばで始まります。神は、苦難を通してアブラハムの信仰の強さと忠誠心を確かめたのです。そしてアブラハムがその試み、すなわちテストに合格した時、神はアブラハムにその信仰の強さのゆえに惜しみない報奨を約束したのでした。

神にこれほど忠実に従おうとしている人に、このような残酷なゲームをする神の意図をはかりかねるという人に対して、苦しみは神の試練であるという考えに立つ人は、神は結末を知っているのだと説明します。神は、私たちもアブラハムと同じようにテストに合格し、変わることなく信仰を持ち続けることを知っている、というのです(ただし、アブラハムの場合には子供は死にませんでした)。神が私たちに試練を与えるのは、私たちが自分にどれくらい強い信仰があるか認識するためなのだ、というわけです。

『タルムード』(紀元前二〇〇年から紀元五〇〇年の間のラビたちの教えを編纂した書物)によれば、アブラハムのテストはつぎのように説明されています。市場には陶器職人がいて、つぼを棒で叩き、それがいかに強くしっかりしているかを見せています。ただし、頭の良い陶器職人はいちばん固いものしか叩いてみせず、割れ目のあるようなものはけっして叩いたりしません。それと同じで、神もまた、苦難や不幸に耐えられる人にのみ試練を与え、その人の精神的な強さのほどを、その人自身も周囲の人も学べるようにしているのだと。

私は、身体障害児をもつ親として、息子が死ぬまでの十四年間を暮らしました。しかし、神は私の内にある信仰の強さを見抜き、苦しみを乗り越えられると見抜いたので、ほかの人でなくこの私を選んだのだという考え方によって、安らぎを覚えることはありませんでした。そんなふうに考えたところで、私は神に選ばれた者としての〝特権意識〟など感じませんでしたし、神はなぜ、毎年多くの障害児を、平和に暮らしている家庭に送り込むのかという疑問に対する答えとはなりませんでした。

ハリエット・サーノフ・シフが、自分自身の体験した痛みや悲しみを『子を失った親』という素晴らしい本にまとめています。息子が先天的な心臓機能不全の治療のための手術で死亡したとき、聖職者が彼女を脇へ呼んで言ったことばを彼女は覚えています。「あなたのつらいお気持ちはよくわかります。でも、だいじょうぶ、きっと立ち直れます。神は耐え切れないほど大きな苦しみを与えるようなことはなさいませんからね。神さまは、あなたが強くしっかりとしているのをご存知だから、こんなことが起こるのを許されたのです」。ハリエット・シフはそのことばを聞いたとき、「わたしがもっと弱く、こんな苦しみに耐えられない人間だったら、そうしたらロビーは死ななくてすんだんだわ……」と感じたと書いています。

神は「毛を刈り取られた子羊にはやわらかな風を送る」のでしょうか？　私たちが耐え切れないほどの苦しみは与えないのでしょうか？　悲しいことに、私の体験ではそうではありませんでした。私は、耐えられない悲しみに押しつぶされてしまった人を見てきました。子供が死んだあとで両親が、その子が死んだのはそれぞれ相手の不注意、相手の遺伝的疾患のせいだと責めあったために、あるいはただただ想い出がつらすぎるために、離婚していったケースを見てきました。苦しみを通して徳を高め、細やかな心を養った人も見ましたが、人生にあいそをつかし恨みがましくなっていった人を、もっと多く見ました。まわりの人に対して嫉妬深くなり、正常な日常生活を営めなくなってしまった人も見ました。また、ガンや自動車事故によって家族の一員を失ったために、残された家族までがどこかおかしくなり、以前のような明るさを失い、死んだような生活になってしまったという状況も見ました。

もし神が私たちをテストしているのなら、私たちの多くは落第しているということぐらい、もう気づいてもいいはずです。耐え忍ぶことのできる範囲内の苦しみを与えているというのなら、神には計算ちがいが多すぎます。

より良い世界への解放なのか?

これらの考え方すべてに納得することができない場合、苦難というのは、この苦しみに満ちた世界から私たちを解放し、より良い世界に連れていってくれるものなのだ、と解釈しようとする人がいます。私はある日、近所に住む五歳になる男の子がボールを追いかけて道に飛び出し、車にはねられて死んでしまったという知らせを電話で聞きました。その子の家族は私のシナゴーグのメンバーではありませんでしたので、私はその子のことは知りませんでした。しかし、メンバーである何人かの子供たちは彼のことを知っていて、よくいっしょに遊んでいたので、その子たちの母親が葬式に参列し、そのことをあとで私に伝えてくれたのです。

追悼のことばのなかで、聖職者がつぎのように語ったということです。「今は悲しんだり涙を流したりする時ではありません。今は喜びの時なのです。なぜなら、マイケルは、汚れのない魂のままでこの罪と苦しみの世界から天に召されたのですから。今、彼は、苦しみも嘆きもない、幸せな場所にいるのです。そのことを覚えて、神に感謝しようではありませんか」。

私はその話を聞いて、マイケルの両親が気の毒に思えました。なんの前ぶれもなく子供を失ったうえに、彼らの信じる宗教の指導者から、幼く無邪気な息子が死んでいったことを喜ぶべきだと諭されたのです。彼らがそのとき、喜べる状態だったとはとても思えません。うちひしがれ、怒り、神はなんという仕打ちをするのだと思っているそのときに、神のことばを司る聖職者が、ふりかかった災難のゆえに神に感謝しなさいと告げているのです。

世界には不公平が存在するということを認めたくないとき、私たちは、ふりかかってきた出来事はほんとうにはそれほど悪いことではない、と思い込もうとすることがあります。悪いことだと思い込んでいるだけなのだと。五歳のマイケルは、私たちと暮らすかわりに神さまといっしょに暮らしているのだから、それを嘆くのは親の身勝手というものだと。また、賢明な私たちは、悪と呼ばれているものは現実のものではない、悪など実在しない、それはただ善が不足している状態なのだ、と思い込もうとすることもあります。「冷たい」とは「温かさに欠ける」ことであり、暗闇というのは光のない状態のことであると。なるほど、そのように考えれば、暗闇や冷たさなどほんとうには存在しないことを〝立証〟できるかもしれませんが、しかし現実に、人は暗さのためにつまずき傷ついているし、また、冷たさに包まれて死んでいるのです。どう理屈をつけようと、それで傷や死がなくなるわけではないのです。

正義を求めるあまりに、また、神の公平を信じたいと願うあまりに、私たちは、この世における生命だけが生命ではないという希望にしがみつこうとすることがあります。この地上での生を超えたどこかに別の世界がある、そこは「最後の者が最初になる」世界であり、この世では短い人生しか与えられなかった者も愛する人びとと再会し、そこで共に永遠に生きることになる、と考えるのです。

しかし、私にも、ほかのだれにも、この希望の現実性についてはまったくわかっていないのです。私たちは、死んだあと肉体が朽ちはてることを知っています。私もまた、人間の肉体ではない部分、つまり魂とか人格とか呼ばれる部分については、それが朽ちることも死ぬこともないと信じている者のひとりです。しかし、私には、肉体のない魂がどんなものなのか想像することができません。肉体から分離された魂に出会ったとき、それが知っているあの人のものだ、愛するあの人のものだと、確認することができるのでしょうか？　父親を若くして亡くした男が、長寿をまっとうして死んだなら、もうひとつの世界で父親に再会するそのとき、彼は父親よりも若いのか、老いているのか、それとも同じ年齢なのでしょうか？　知恵遅れの人や短気な人の魂は、天国では健やかになっているのでしょうか？

危篤状態から回復した人たちが、死の淵に立ったとき明るい光を見たとか、すでに亡くなった親しい人に声をかけられたとか話しています。私の息子が死んだあと、娘は、自分が死んで、すでに正常になっているお兄ちゃんやおばあちゃん（一年前に亡くなった）に天国で歓迎される夢を見ました。言うまでもないことですが、そうした幻影や夢が事実を反映したものなのか、そうあってほしいと願う気持ちの産物なのか、確認するすべはありません。

罪のない人たちは死後の世界で、地上で受けた苦しみのうめあわせを得るという考え方によって、人は信仰を失うことなく、この世の不公平を耐えることができます。しかし、そうした考えは同時に、不公平に心を悩ませもせず、正当な怒りを抱きもせず、不公平に対応すべく神から与えられた知性を用いようともしない態度の言い訳にもなりかねません。私たちのいのちは死後もなんらかのかたちで続くのだ、おそらくいま生きている状態からは想像できないようなかたちで存続し続けるのだ、という可能性に精いっぱい期待して生きるのが賢明なのかもしれません。しかし、死後のことについて私たちは明確に知ることができないのですから、もうひとつの世界などなかった場合にそなえて、この世界のことを真剣に考え、ここでの意味や正義を追い求めるように努めるべきなのです。

共通の誤り

今まで検討してきた悲劇に対する考え方のすべてに、ひとつの共通点がみられます。それは、苦しみの原因が神にあると考えていることであり、神がなぜ私たちを苦しめるのかを理解しようとしていることです。苦しみは私たちに良い結果をもたらすためにあるのでしょうか、私たちの犯した罪のつぐないとしてあるのでしょうか、それとも神は私たちになにが起ころうと意に介さないということの現れなのでしょうか？　こうした疑問に対する答えの多くは、想像豊かで味わい深いものですが、ひとつとして完全なものはありません。神の信望を傷つけないでおくために、自分自身を責めるようなことになってしまうものもあります。事実を否定し、正直な感情を抑え込むことを強いるものもあります。そのような運命をしょいこんだ自分を呪うか、いわれのない苦しみを与えた神を恨むかの、どちらかになってしまいます。

ほかの考え方があるのかもしれません。神は私たちの苦しみの源ではないのかもしれません。人生の苦痛は神の意志ではなく、ほかになにか理由があるのかもしれないのです。

詩篇の作者が書いています。「わたしは山にむかって目をあげる。わが助けは、どこから来るであろうか。わが助けは、天と地を造られた主から来る」(詩篇第一二一篇一―二節)

と。彼は、「わが苦しみは神から来る」とか、「わが悲しみは神から来る」とは言っていません。「わが助けは神から来る」と言っているのです。

私たちの上に起こる悪い出来事は神のせいではない、ということなのでしょうか？　神はどの夫婦から障害児が生まれるかを決定しない、ということなのでしょうか？　撃たれて下半身不随になるようにと神がロンを選んだのでもなければ、病にたおれよと神がヘレンを選んだのでもない、ということなのでしょうか？　神との関係を曇らせている罪の意識や怒りの感情を克服しさえすれば、神は喜んでロンやヘレン、そして私たちを助け、悲しみに対処できるようにしてくれる、ということなのでしょうか？　もしかすると、「どうして神は私をこんな目にあわせるのだろうか？」という問いは、見当ちがいの問いなのでしょうか？

聖書のなかで——というよりもおそらく書かれたもののすべてのなかで——、人間の苦悩について、もっとも奥行き深く徹底的に考察しているのはヨブ記です。ですからつぎに、ヨブ記について考えてみることにしましょう。

2章

ヨブという名の男の物語

むかしむかしの物語

二五〇〇年ほど昔、ひとりの男がいました。名前すらさだかではありませんが、彼のおかげで、それ以後の人びとの心と人生が豊かになりました。心の細やかなその男は、高慢で身勝手な人びとが栄えている一方で、善良な人びとが病気にかかり死んでいくことに気づきました。人生を読み解こうとする博学な考え、知恵ある考え、そして敬虔な考えのすべてを耳にしましたが、現代に生きる私たちがそうであるように、彼もまた満足することができませんでした。まれにみる文学的才能と知性をもっていた彼は、善良な人に災いがふりかかるのをなぜ神は許しているのか、という主題で長い哲学的な詩を書きました。その詩が、聖書のなかのヨブ記なのです。

トーマス・カーライルはヨブ記のことをつぎのように語っています。「時代とことばを超えて、もっとも素晴らしい詩。人間にとってけっして終わることのない難問――すなわち、人間の運命と地上における神と人間の関わり――に対する、最初で最古の声明。……聖書のどこにも、あるいは聖書以外の書のどこを探しても、これほどの文学的価値をもつものはない」と。このヨブ記の存在を知ってからというもの私はすっかりこれに魅せられ、幾度となく読み返し、研究し、これについて教えてきました。よく言われることですが、どの俳優もハムレットを演じたいと夢見るように、聖書を学ぶすべての研究者たちは、ヨブ記の注解書を書きたいと思うものです。

ヨブ記は難解な書物です。そして、深遠な主題、すなわち、善良な人の苦しみを神はなぜ黙認しているのか、という問いに対するもっとも深遠でもっとも美しい書物です。

幾人かの登場人物を通して、作者自身も認めていない見解が述べられていることや、数千年を経た現在では翻訳するのがむずかしい、優雅なヘブル語で書かれていることもあって、この書物のなかで交わされる議論を理解するのはたいへん骨が折れることです。二種類の英訳されたヨブ記を読み比べてみると、ほんとうに同一の書物からの翻訳だろうかと不思議に思えるほどです。たとえば、鍵となることばのひとつは、「私は神を恐れる」とも「私は神を恐れない」とも解釈することができ、作者がどちらを意味しようとしていたのかを正確に知るすべはありません。また、信仰の表明としてよく知られている「私は救い主が生きておられることを知っている」という表現は、「私は生きている間に救われたい」という意味にもとれるのです。しかし、その他の大部分は明瞭で力強いので、解釈していくことができます。

ヨブとは何者で、その名を冠したこの書物はなんなのでしょうか？　その昔、ヨブという名の、神を敬う男についての有名な民話があり、人びとの宗教的情操を向上させるために語りつがれていたにちがいないと、学者たちは信じています。生身の人間の話ではないと思えるほど、ヨブは正しく完全な人でした。苦しみ悩む正しい人の「むかしむかし」の物語というわけです。

ある日、サタンが神の前にやってきて、地上で人びとの犯しているあらゆる罪深い行いについて語るところから民話は始まります。しかし、神はサタンにこう言います。「おまえはわたしのしもべヨブに気づいたか。彼のように潔白で正しく、悪から遠ざかっている者は地上にいない」。サタンは答えて、「もちろん、ヨブは信仰心が厚く従順な人間だ。あなたは彼を祝福し多大の富を与えてきたのだから、それも当然というもの。いま、彼から祝福を取り上げて、彼がどれほどのあいだ従順なしもべでいられるか見てごらんなさい」と言います。

神はサタンの挑戦を受けて立ちます。そんなことはヨブにはまったく告げないで、神はヨブの家を破壊し、家畜を滅ぼし、子供たちまで殺してしまいます。さらに、ヨブの体じゅうにできものをつくり、一瞬たりとも肉体的苦痛から逃れられないほどにしてしまいます。ヨブの妻は、たとえ神に打たれて死ぬとしても、神を呪うべきだとヨブにつめよります。神は、これ以上ひどいことは考えられないほどの苦難をヨブに与えたのです。三人の友人がヨブを慰めにやってきますが、彼らも、この惨状が信仰の報いであるなら、そんな神への忠誠は捨ててしまえとせまります。

しかし、ヨブの確固たる信仰はゆるぎません。なにが起ころうとも、神への信仰心を捨てることはありませんでした。最後に神が現われて、助言を与えた友人たちを叱りとばし、その信仰の強さのゆえにヨブにほうびを与えます。新しい家や財産、そして子供たちを授けるのです。この物語の教訓は、災いがふりかかったときにも、けっしてまどわされて神への信仰を捨ててはならない、ということです。神のなさることには理由があるのだから、しっかりと信仰心をもち続けるなら、神は苦しみにふさわしい報いを与えてくれる、ということなのです。

常套的神学への挑戦

幾世代にもわたって、多くの人びとがこの物語を聞かされてきたにちがいありません。

これによって慰められた人がいたことはまちがいのないところです。ヨブの模範に接して、疑いや不満を抱いている自分を恥ずかしく感じた人もいたことでしょう。

ところで、名前もわからないヨブ記の著者は、この物語に困惑しました。この物語は、いったいどんな神を信じろと言っているのか？　ただ論点を証明するだけ、サタンとの賭けに勝つためだけに、罪もない子供たちを殺したり、信仰心の厚い人に耐えがたい苦難を与える神とは何者なのだ？　この物語が主張する宗教とは、いったいどんな宗教なのだ？　ただ盲目的服従を強い、不正に対する抗議を罪と呼ぶ宗教とはなんなのだ？

この敬虔な古い民話に不快感を覚えた著者は、物語をひっくり返し、登場人物たちがまるで逆の性格をもって現われる哲学的な詩に作り変えたのです。その詩のなかでは、ヨブは神に不満をぶつけます。そして、民話とは違って、ここでは友人たちのほうが「正しい人は不幸にみまわれない」という常套的な神学を掲げるのです。

子供を亡くし、吹き出物で苦しんでいるヨブを慰めるために、三人の友人たちは、ありきたりな信仰心について語ります。本質的な点で見るかぎり、もともとのヨブ民話に含まれている見解を説教して聞かせるのです。すなわち、どんな不運にみまわれても信仰を失うな、慈悲深い父なる神は天にいて、善を栄えさせ悪を処罰してくださるのだと。

ヨブは、自分もかつて悲嘆にくれる人に対して幾度となく同じことを語ってきたことでしょうが、そのようなことばがいかに空虚で底の浅い失礼なものであったか、初めて知ることになるのです。神は善を栄えさせ邪悪なものを滅ぼす、だって、いったいなにが言いたいんだ?! 私の子供たちは悪人だったから死んだとでもいうのか? 私が邪悪な人間だから、それでこんなことが私の身の上にふりかかったというのか? 私のどこがそんなに悪いというのか? きみのしてきたことと比べて、私がいったいどれほどの悪を行なったというのか、こんなひどい目にあわなければならないなんて?

三人の友人たちは、この感情のほとばしりに驚いてしまいます。どうしてこんな罰を受けるのか、人間は神に説明を求めることはできないのだ、と友人たちは答えます。(ある個所で、ひとりの友人が、「あなたは神になにを期待しているのか? 嘘をついたことや貧しい人に施しを与えなかったことの詳細な記録を見せろとでもいうのか? そうした記録のいちいちにあなたといっしょになって目を通しているほど、神はひまではない」という意味のことを述べています。) 私たちにわかっているのは、完全無欠な人間はいないということと、神は自分がなにをしているかを知っておられるということだけだ、というのです。そう考えなければ、世界は混乱し、住むに耐えない所になってしまうではないかと。

議論はこのように続いていきます。ヨブは、自分は完全無欠だとは言わないが、善良で節度正しく生きようと、たいていの人よりも努力をしてきたはずだ、と言います。不完全なことを見つけたらただちに一発お見舞いしようと、四六時中、人の動向を見張っているのが神ならば、そしてその行動の記録を処罰の正当化のために使うのが神ならば、そんな神がどうして慈悲深い父なる神と言えるのだろうか？ もし、多くの邪悪な人たちがこれほどのひどい罰を受けずにいるのなら、どうしてそのような神が義の神と言えるのだろう？

会話は熱をおび、怒りさえおびてきます。友人たちは言います。「ヨブよ、きみはわれわれをごまかしていた。きみは、われわれと同じように敬虔で宗教心に富んだ人間のように見せかけていた。しかし今、きみはなにか自分の気に入らないことが起こったら宗教などあっさり捨ててしまう人間だということがわかった。きみは尊大で傲慢で、忍耐心に欠け、神を冒瀆している。どうして神がきみをこんな目にあわせているのか、よくわかった。だれが聖人でだれが罪人なのか、人間の目はごまかせても神をごまかすことはできないということが、これではっきりした」。

ヨブが訴え、友人たちが神を弁護するというかたちで議論が続きますが、そんな応酬が三回重ねられたところで、途方もない最後のヤマ場がやってきます。作者は見事なやり方で、ヨブに聖書的な刑法の原則を利用させるのです。つまり、証拠もなしに罪を犯したと告訴された者は、宣誓し、無実を誓うことができる。この時点で、原告側は証拠を提出するか、さもなければ告訴を取り下げなければならない、というものです。ヨブ記の第二九章から三〇章にわたる、長く雄弁な声明のなかで、ヨブは自分の無実を誓います。貧しい者に必ず施しを与えたし、人の物を盗んだことなどない、自分の富を誇ったり他人の不幸を喜んだことなどただの一度もなかった、と主張するのです。ヨブは神に、出てきて証拠を見せるか、さもなくば、自分は無実であって、自分の受けている苦しみはまったく不当であることを認めるように要求するのです。

そして、神が登場します。

砂漠にものすごい嵐が吹き荒れ、竜巻の中から神はヨブに答えます。神みずから地上に下り、ヨブに答えずにはいられなかったほどに、ヨブの申し出は感動的で力強かったわけです。しかし、神の答弁はきわめてわかりにくいものでした。神はヨブの申し立てについてはまったくなにも言及しませんし、ヨブの罪やヨブの苦しみの理由についても語りません。そのかわり、神はヨブに、世界を司ることについてなにを知っているのか、と問うような意味のことを話すのです。

わたしが地の基《もとい》をすえた時、あなたはどこにいたか。
もしあなたが知っているなら言え。
あなたがもし知っているなら、
だれがその度量を定めたか。
だれが測りなわを地の上に張ったか。
わたしが海の水を止めたとき、あなたはどこにいたか。
わたしはこれがために境を定め、言った、
「ここまで来てもよい、越えてはならぬ」と。
あなたは雪の倉にはいったことがあるか。
雹《ひょう》の倉を見たことがあるか。
あなたは岩間のやぎが子を生むときを知っているか。
馬にその力を与えることができるか。
たかが舞いあがるのは、あなたの知恵によるのか。

（ヨブ記第三八―三九章より抜粋）

そこで、さっきまでとはうって変わったようになったヨブが答えて言います。「わたしはただ手を口に当てるばかりです。わたしはすでに語りすぎました。もうこれ以上話しません」と。

三つの命題

正しい人がなぜ不幸にみまわれるのか、という主題が書かれた書物のなかで、ヨブ記はおそらくもっとも偉大で、完璧で、深遠な書物でしょう。その偉大さは、ひとつには、自分では認めていない意見も含めて、作者がすべての見解を慎重なまでに公平に取り扱っているという点にあります。作者がヨブに同情的であるのは明らかですが、友人たちのことばもヨブのそれと同じように、注意深く考慮して書かれています。

それがヨブ記を偉大な文学にしているのですが、同時に、その言わんとしているところを難解なものにもしています。「この世界を動かすわたしのやり方に異議を唱えるおまえは何者だ。おまえは、この世界がどのように動いているか、いったいどれほどのことがわかっているのか？」と神が言うわけですが、それはこの主題に対する結論なのでしょうか？　それとも、語りつくされた代りばえのしない当時の篤信家のことばの言い換えでしかないのでしょうか？

この書物を理解し、それが示している答えを知るために、ヨブ記のすべての登場人物と読者のほとんどが信じたいと思っている、三つの命題を書き出してみましょう。

(A) 神は全能であり、世界で生じるすべての出来事は神の意志による。神の意志に反しては、なにごとも起こりえない。

(B) 神は正義であり公平であって、人間それぞれにふさわしいものを与える。したがって、善き人は栄え、悪しき者は処罰される。

(C) ヨブは正しい人である。

ヨブが健康で経済的にも豊かであるかぎり、これら三つの命題は同時に無理なく信じることができます。しかし、ヨブに不幸がおとずれ、財産や家族を失い、健康まで害してしまうとなると、ことはやっかいになります。この三つを、同時に正しいと考えるわけにはいかなくなるのです。どれか一つを否定して、はじめて、残り二つを正しいと主張できるという状態になるのです。

もし神が正義であり全能であるとしたら、ヨブは不幸を受けるだけの理由がある罪人だということになります。ヨブが善い人であるにもかかわらず、神が彼に不幸をもたらしたとするなら、神は正義ではないということになります。もし、ヨブが良いものを受けるにふさわしい人で、神が彼に苦しみを与えているのではないとしたら、神は全能だとは言えなくなります。

ヨブ記での議論は、この三つの命題のうち、二つを信じ続けるためにどれを切り捨てるか、をめぐる議論と見ることができるのです。

友人たちの論理

ヨブの友人たちは、ヨブは善人だという(C)を信じまいとしています。彼らは、これまで教わってきたような存在として神を信じたいのです。神は善であり、すべてをコントロールしていると信じたいのです。そうするための唯一の方法は、ヨブは当然の報いを受けたのだと、思い込むことです。

最初、彼らは確かにヨブを慰め、安らぎを与えようとしていました。ヨブも自分たちもそう教え込まれた信仰についての教訓や確信のありったけを引っぱり出して、ヨブを支えようとしました。世界は秩序正しく動いているし、混沌とした無意味な状態ではないと話すことによって、ヨブを慰めようとしたのです。

彼らが見落としていたのは、世界には秩序がありヨブの苦しみには意味があるというためには、ヨブの苦しみは当然の報いであると言わなければならない、ということでした。つまり、気まぐれな傍観者にとっては、神の意志によってすべてが動いていると説明することで気がおさまるかもしれませんが、肉親を失ったり不幸にみまわれている人にとっては、これほど侮辱的なことはないということです。「元気を出せよ、ヨブ。身に覚えのないことじゃないんだから」というような言い方は、ヨブのような状況にいる人を少しも元気づけてはくれないのです。

しかし、友人たちにしてみれば、ほかになんと言えばよいのかむずかしいところです。彼らは神の善と力を信じていますし、信じ続けたいと思っているのです。もし、ヨブが無実だとすると、神が有罪になります――罪のない人を苦しめたという罪です。だとすれば、神の完全さに疑いを抱くよりも、ヨブの善を否定するほうが彼らにとっては楽なことです。

それに、ヨブを慰めようとした友人たちは、友人の身にふりかかった不幸を客観的に見ることができなかったのではないでしょうか。災難におそわれたのは自分ではなくヨブなのだという安堵感と、そのように思う自分に対する罪意識で、心が乱されていたと考えられます。

ドイツ語の心理学用語に、Schadenfreudeというのがあります。自分ではなく他人がなにか不利益(Schaden)をこうむったときに、思わず安堵の喜び(Freude)を覚えて困惑することを意味します。自分は無傷なのに二〇メートルほど離れたところにいた仲間が戦死したという兵士、他の生徒がカンニングしてつかまるのを見ている生徒――彼らはべつに、自分の友人が災難にあうことを願ったわけではないのですが、災難が自分以外の他人にふりかかったことを、とまどいを覚えつつも喜ばずにいられないのです。たとえば、ロンやヘレンを慰めようとした友人たちも、自分たちの心の中で「自分がこんな目にあっていたかもしれない」という声を聞くのですが、それを打ち消そうとして、「いや、そうじゃない、これが自分にではなく彼に起こったのには、なにか理由があるんだ」と言うのです。

被害者に責めを負わせるこのような心理学は、いたるところで見られます。そうすることによって、悪はそれほど不合理なものでも恐ろしいものでもなくなるように思えるのです。もし、ユダヤ人たちの言動が違ったものであったら、ヒトラーは彼らを大量に殺しはしなかったかもしれない。あの若い女性があれほど挑発的な服装をしていなかったら、男は彼女に暴行することはなかった。もっと一生懸命に働いていれば、彼らは貧しくはなかっただろう。もし社会が貧しい人をそそのかすような宣伝や広告をしなかったなら、盗みをはたらく者もいないだろうに。

犠牲者をこのように悪く言うのは、世界は見かけよりも住みやすいのだ、人が苦しむのはそれなりの理由があるのだ、と言って自分自身を安心させるためのひとつの方法なのです。それは、幸運な人たちが、自分たちの成功はたんなるまぐれ当りではなく、それにふさわしいだけのことをしてきたのだ、と信じる役にも立っています。この考えは、すべての人の気分を良くしてくれるのです——犠牲者を除いて。被害者のほうは、それでなくても不幸な出来事の極みにあるというのに、さらに人から非難を受けるという、二重の苦しみを味わうことになるのです。これが、ヨブの友人たちのしたことであって、自分たちの問題解決にはなるでしょうが、ヨブの問題解決にも、私たちの問題解決にもならないのです。

ヨブの論理

ヨブのほうにしてみれば、自分を悪人だと認めてまで、この世界を神学的につじつまの合う所にしたいとは思いません。彼は知的に数多くのことを知っているでしょうが、もっと深く心の底から知っているひとつのことがあります。自分はけっして悪い人間ではない、という確信です。完全無欠ではないかもしれません。しかし、なにも失わずにいるほかの人と比べてみても、家や子供や財産や健康を失わなければならないほど、道徳的に悪いことをしたわけではないはずです。ヨブには、自分をいつわってまで神の信望を保とうというつもりはないのです。

ヨブの解決法は、神は善であるという(B)の命題を拒絶することでした。事実、ヨブは善人なのです。しかし、神は公平だとか正義だとかという思考の枠の中におさまらないほど絶大な力を持っているというわけです。

哲学者ならつぎのように言うかもしれません。神は、公平に悪を裁き善に報いることを、自分の意志に従って選ぶことだろう。全能の神は公平であらねばならない、と論理的に言うことが私たちにできるだろうかと。もし、高潔な日々を生きたのだから加護と報奨を与えよと神に無理強いすることが可能だとしたら、それでも神は全能だと言えるだろうか？　それでは、神は宇宙の自動販売機とでもいうべきものになりさがり、私たちは欲しいものを手に入れるために、それに見合うだけの硬貨を入れ、支払っただけのものが出てこない場合は、自販機を蹴とばしたり悪態をついたりするということになってしまうのではないだろうか？

あるいにしえの賢人は、世界の不正をこそ喜びなさいと言っています。「今こそ、自分自身の利害のためにではなく、神を愛するがゆえに神の意志を行なえるのだから」と。つまり、道徳的に従順でいれば神の報奨がもらえるなどという打算を抜きにして、まったく純粋な愛ゆえに神に従い、道徳的になれるというわけです。かりに、神がお返しに愛してくれなくても、人は神を愛することができるのです。

善悪や公平を超越する神という考え方には、正義と公平を目指しながら同時に、正義や公平という制約を超える神の偉大さを賛美することになる、という問題があります。

ヨブは神を公平という概念を超えた存在と見、どんな道徳的規準も超越するほど強大な存在だと考えます。神は東洋的君主のイメージで見られ、ヨブの人生や財産に関して絶大な権力を有する存在と見られます。事実、古いヨブの民話のほうでは、神はまさにそのように描かれており、忠誠心を確かめるためだけに道徳的に欠けるところのない彼を苦しめ、最後にはたっぷりと報奨を与えて、ヨブに対する〝うめあわせ〟をするのです。その民話のなかの神は、幾世代にもわたって崇拝の対象とされてきたわけですが、善に対してではなく忠誠心に対して人に報奨を与える(ぶっそうな)古代の王に酷似しています。

ですから、ヨブは、自分と神の間に、神が神自身について説明しなければならないような裁定人がいてくれればいいのにと、ひたすら思うわけです。しかし、相手が神なのですから、悲しいけれどもどうすることもできないことをヨブは知っているのです。「見よ、彼〔神〕が奪い去られるのに、だれが彼をはばむことができるか。だれが彼にむかって「あなたは何をするのか」と言うことができるか」(ヨブ記第九章一二節)。

ヨブは、自分の悲惨な状態をどのように理解しているのでしょうか? 彼は言います。私たちは、公平など期待できない、理不尽な世界に住んでいるのだと。神は確かに存在する、しかし、正義や善という限界にしばられない存在なのだと。

神の答え

では、ヨブ記の作者はどのように考えているのでしょうか。人生の不公平という難問に対する彼の答えは、いったいなんなのでしょうか。すでに述べたように、作者がこの書物を書いた時になにを考え、どういう答えを示そうとしていたのか、知ることは容易ではありません。ただ、この書の最後のヤマ場で、竜巻の中から語った神のことばを通して答えを示そうとしていることは明らかだと思います。

しかし、それではいったいどういうことになるのでしょうか。天上ですべてを司っている神が存在することを確認し、ヨブは口をつぐんでしまった、というだけのことなのでしょうか。しかし、そのことなら、ヨブは初めから知っていましたし、一度たりとも疑ったことはありませんでした。問題になっているのは神の存在ではなく、神の憐れみ、責任、そして公平さなのです。では、神は偉大なる存在であり、ヨブに自分自身について説明する必要などない、ということでしょうか。しかし、ヨブが初めから終りまで主張しているのはまさにそのことではありませんか。つまり、神は存在しており、公平である必要などないほど強大な力をもっている、ということです。もし、それが神の言わんとしたことなら、わざわざ神を登場させてまで、作者はどんな考えを新しく付け加えようとしたのでしょう。神がヨブの主張に同意を示すや、ヨブがあまで神をまもる立場に転じるのはなぜなのでしょう。

ある注解者たちが言うように、神が言っているのは、神は私たちの人生に影響をおよぼすことがらについて決断をくだす時、ただ一人の人間の幸福だけではなく、もっと多くのことがらを心にかけているのだということでしょうか。私たち人間の立場から考えると、病気や倒産というのはきわめて重大なことがらだけれども、神の考えにはもっと大切なことがあるのだということでしょうか。もしそうなら、人間の徳とか高潔さに重きを置く聖書の道徳は、神とは関係のないものになってしまい、個々の人間の善意や正義そして尊厳は、神以外の源をもつことになります。もし、それが真実だとしたら、多くの人たちは神を離れ、善意、正義、そして人間の尊厳の源であるそのなにものかを求め、崇拝するようになることでしょう。

ヨブ記の作者は、ヨブともヨブの友人とも違う立場に立っている、ということを私は指摘したいと思います。作者は、神が善であることを信じ、ヨブが善であることも信じています。そして、これまで信じてきた命題(A)、すなわち、神は全能であるという信念を放棄しようとしているのです。

この世界にあっては、正しい人に不幸が確かにふりかかる、しかしそれは神の意志によるのではないというのです。神は、人それぞれにふさわしい人生が与えられるよう望んでいるが、いつでもそのようにことを運ぶことができないというのです。完全に全能ではないが善である神と、完全に善ではないが全能の神と、どちらを選択するかとせまられて、ヨブ記の作者は神の善を信じるほうを選んだのです。

この書物を通してもっとも重要な個所は、竜巻の中から語った神のことばの後半部分、第四〇章の九節から一四節だと考えられます。

あなたは神のような腕を持っているのか、
神のような声でとどろきわたることができるか。
悪人をその所で踏みつけ、
彼らをともにちりの中にうずめよ。
そうすれば、わたしもまた、あなたをほめて、
あなたの右の手は
あなたを救うことができるとしよう。

私はこのことばを、つぎのような意味だと考えています。「世界を公平で真実に保ち、不公平が生じないようにすることが簡単だと考えているのなら、やってみるがいい」。神は、正しい人びとが平和で幸せに暮らすことを望んでいますが、ときには神でさえ、そう

した状態にすることができないのです。残酷と無秩序が罪のない善良な人びとをおそわないようにすることは、神にとっても手にあまることなのです。しかし、神を抜きにして、人間にそのようなことができるでしょうか？

神のことばは続き、海の怪獣レビアタンと神との闘いについて述べられています（第四一章）。大いなる努力の末、神はその怪獣を釣針で捕えることができますが、けっして簡単なことではありません。もし、（古代神話にあるように）その海の怪獣が無秩序と邪悪、この世の支配不可能なすべてのことであるとしたら、このことを通しても作者は、無秩序を制御し、悪のおよぼす害を制限することは神ですらむずかしい、と語っているのだと思います。

確かに、罪のない人びとが不運にみまわれ苦しんでいます。彼らには理不尽と思われるような出来事が起こります――仕事を失ったり、病気にかかったり、子供が苦しんだり、あるいは子供たちのゆえに苦しんだり。しかし、そうしたことが生じたとき、それは彼らがなにか悪いことをしたから神が罰を与えた、ということではありません。不運や災いは、けっして神から来るのではないのです。

慰める神

このような結論には、なにかを失ったような心もとない気持ちがともなうかもしれません。全知全能の神、すなわち公平な取扱いと納得のゆく結末を約束し、すべてのことは理由があって起こるのだと保証してくれる神を信じるのは、ある意味では心の安まることだからです。ちょうど、自分の親はなすべきことを自分に教えてくれ、すべてを良い結果に至らせてくれるほど知力と能力があると信じられるなら、人生がずっと楽になるのと同じことです。

しかし、そのような安らぎは、ヨブの友人たちの宗教的慰めと変わるところがありません。つまり、そのような慰めは、無実の人の犠牲の問題をあいまいにするときにのみ慰めとしてはたらくということです。私たちがヨブを知っていたり、ヨブその人であったなら、怒りの感情や、人生とはひどいものだという感情を押し殺さないかぎり、もはやそのような神を信じることはできないのです。

そのような観点から考えるなら、これは神がしておられることではないという結論は、ある種の解放感をもたらしてくれるにちがいありません。もし、神が、正義の神であり力の神でないとしたら、私たちのうえに不幸がおとずれたときも、神はやはり私たちの味方なのです。神は私たちが善良で正直な人間であることを知っており、もっと良い状態におかれてしかるべきであることを知っていてくれるのです。不運や不幸は神のなさっていることではない、だから、私たちは神に助けを求めることができるのです。だから私たちの問いは、「神さま、あなたはなぜ私をこんな目にあわせるのですか？」というヨブの問いではなく、「神さま、私のこのありさまを見てください。助けてくださいますか？」という問いとなるのです。私たちは裁きや赦し、報いや処罰ではなく、力と慰めを求めて神に向かうのです。

もし私たちが、ヨブやヨブの友人たちのように、全知全能で非のうちどころのない神を信じて育ってきたとしたら、ヨブたちがそうであったように、神に対する考え方を変えるのはたいへんむずかしいことでしょう(子供のころの私たちが、自分の親も全能ではないと認めにくかったのと同じです。修理したくないからではなく、修理できないから、壊れたおもちゃを捨てなければならないのだと認めることがむずかしかったのと同じです)。しかし、もし私たちが、神が支配していないことがらもあるのだと、見方を変えることができたとしたら、たくさんの素晴らしいことが可能になるのです。

私たちは、けっして実現することのない、夢のような期待を神に抱き続けるのではなく、神が実際に助けてくれることがらを求めて、神に目を向けられるようになります。結局のところ、聖書がくり返しくり返し語っていることは、貧しい人びと、夫を亡くした妻、親を亡くした子供らをとくに擁護する者としての神であって、そもそもなぜ彼らが貧しくなったか、夫を亡くしたか、親を亡くしたかの理由ではないのです。

また私たちは、神が自分を裁いたり責めたりしているという不安に陥ることなく、自尊心と善を信じ続けることができます。神に対して怒っていると感じることなく、ふりかかった出来事に対して怒ることができます。そのうえさらに、自分の内にある不正への怒りや苦しんでいる人への本能的な同情を、神から与えられたものと考えることができるのです。神が私たちに、不正を怒れ、苦しむ人と痛みを共にせよ、と教えてくれたのですから。憤りがこみあげてきても、神に逆らっているという後ろめたさを感じることなく、それは私たちを通して表わされた不公平に対する神の怒りだと思うことができるのです。私たちが泣き叫ぶ時にも、私たちは依然として神の側にいるし、神もまた私たちと共にいることを知るのです。

3章

理由のないこともある

すべてのことに理由があるのか?

ある夜、神学の講義を終えた私に、ひとりの女性が質問をしてきました。「苦難がおそうのは不運だったからで、神さまの意志ではないとするならば、ではなにが不運をもたらすのですか?」。私は返答に窮してしまいました。とっさに答えたのは、なにか原因があって不運にみまわれるのではなく、それはもう、ただそういう不運が生じたということなのだ、ということでしたが、もっと深いなにかがあるのかもしれない、という気もしました。

この問いは、私がこの本のなかで述べようとしているもろもろのことの鍵となる、哲学的着想です。あなたは、なんの理由もなくなにかが起こるという考え、この宇宙はでたらめなのだという考えを、受け入れることができるでしょうか?

そんな考えは受け入れられないと言う人がいます。そういう人はものごとに関連を求め、すべての出来事に意味を見いだそうと骨を折ります。無秩序な世界という考えを受け入れるくらいなら、神は無慈悲だとか、自分は罪人なのだと信じ込もうとするのです。ものごとの九割に理由が認められるとなると、残りの一割にもなにか理由があるはずだ、それがわからないのは自分たちの知性を超えた理由だからだ、と思い込もうとします。でも、どうして、すべてのことに理由がなければならない、という考えにこだわるのでしょうか？どうして、あらゆる出来事にそれぞれ特別な理由がなければならないのでしょうか？　なぜ、宇宙に手に負えない部分があってはならないとするのでしょうか？

私は、ある日とつぜん散弾銃を手にして走りだし、行きずりの人に向かって発砲する人の気持ちを、多少は理解することができます。もしかすると、以前その人は軍隊にいたことがあって、戦闘中に見たりしたりしたことが頭から離れなくなってしまったのかもしれません。あるいは、家庭や職場で、耐えがたい挫折感や拒絶を味わったのかもしれません。また、人からまともにとりあってもらえず、人間扱いされなかったために、怒りが燃えあがり、「オレを馬鹿にしてるとどんなことになるか、思い知らせてやる」とまで思いつめた結果かもしれないのです。

銃をつかみ、見ず知らずの人たちに発砲するというのは、馬鹿げていて理屈に合わない行為ですが、でも理解できないことはありません。私が理解できないのは、ブラウン夫人はたまたま店に入っていて災難を免れたのに、スミス夫人がなぜそのとき通りを歩いていなければならなかったのか、ということです。いつもなら一杯のコーヒーですませるグリーン氏が、たまたまその朝に限って二杯目に手を伸ばしたため、引き金が引かれたとき建物の中にいたというのに、なぜジョーンズ氏はそのとき道を横切っていて、狂った射手の格好の標的にならねばならなかったのでしょうか。多くのいのちが、そんな取るに足らない予定外の決断によって左右されているのです。

何週間も雨が降らず、暑く乾燥した気候が続くと、山火事のおそれが増し、一瞬の火花や一本のマッチ、あるいはガラス片で集められた太陽の光がもとで、山が燃えあがることもあるということはわかります。また、その山火事の燃え広がる方向が、さまざまな要因があるでしょうが、風向きによって左右されるだろうということも理解できます。しかし、ほかならぬその日に風や天候の具合が重なって山火事が起こり、ある家だけが焼けてしまい、ある人だけが火にのまれてしまうのはなぜか、明確な証明はできるのでしょうか？あるいは、それは単純に運不運の問題なのでしょうか？

男と女が交わるとき、男性からは何千万もの精子が射精されますが、それぞれの精子は生物学的に少しずつ異なった遺伝子の組合せをもっています。無数の精子のなかのどの精子が卵子に達し、受精するか、だれかが決定するわけではありません。なかには、身体障害児や不治の病気をもつ子供を誕生させる精子があります。その一方で、健康で、しかも運動神経や音楽的才能に恵まれた子、あるいは創造的知性を備えた子を誕生させる精子もあります。この行き当りばったりの精子の競走によって、子供の生命は完全に形づくられ、親兄弟や親戚の生活は、深刻な影響を受けるのです。

ときには肉親だけでなく、より多くの人びとの人生に影響がおよぶこともあります。血友病の少年の両親、ロバート・マッシーと妻のスザンナは、病気で苦しむ子の親ならたいていの人がするように、子供の病気について、ありとあらゆる本を読みました。そうしたなかで彼らは、最後のロシア皇帝の一人息子も血友病であったことを知りました。ロバートは『ニコラスとアレキサンドラ』という本のなかで、〝まちがった〟精子と〝まちがった〟卵子の行き当りばったりの結合による息子の病気のために、取り乱した皇帝と皇后が分別を失い、統治能力を低下させてボルシェビキ革命を誘発したのではないかと推測しています。つまり、まったくの偶然が生んだ遺伝子の結合のおかげで、ヨーロッパ最大の人口をもつ国家の統治形態が変えられ、今世紀に生きるすべての人びとに影響がおよんだということを、彼は言っているのです。

理由のないこともある

すべての出来事の裏には神の意志がはたらいている、と考える人がいます。私は、信号無視で走ってきた酔っぱらい運転の車に衝突されて入院中の女性を見舞いました。彼女が乗っていた車は見るかげもなく壊れてしまったのですが、彼女自身は二本のあばら骨にひびがはいり、ガラスの破片で軽いかすり傷を負っただけで、奇跡的に助かったのです。

彼女は病院のベッドに横たわったまま私を見上げて、「神さまはほんとうにいらっしゃるのですね。あんな状態のなかから、こうして五体満足に生きて出てこれたのですから、これはもう神さまが上から私を見守ってくださっているとしか思えませんわ」と言いました。神学の講義をしている場合ではないので、私としては、その考えに同意したものと思われるかもしれないのは承知で、ただ無言で微笑むだけでした。（いったい、神を信じることに反対するラビなどいるのでしょうか？）でも頭の中では、同じように酔っぱらい運転の犠牲になり、家族を残して死んだ若い父であり夫である人のために、二週間前に執り行なった葬式のことを考えていました。また、ローラースケートで遊んでいた子供が轢き逃げにあって死亡したことや、新聞で報じられる交通事故による多くの死者のことを思い出します。私の目の前にいる女性は、自分が死なずにいるのは神が自分を生かそうと思ったからだと信じているのです。

そのことをとやかく言うつもりはありませんが、彼女にしろ私にしろ、同じように交通事故にみまわれた家族に対してなんと言うつもりでしょうか？　助かった彼女よりも値打ちがなかったとでも、神にとって値打ちがなかったとでも言うのでしょうか？　神はその人たちがその場所でそんなふうに死ぬことを願っており、助けようとは考えなかった、とでも言うのでしょうか？

1章で考察したソーントン・ワイルダーの『サン・ルイス・レイ橋』を覚えているでしょうか。五人の人が墜落死したとき、修道僧ジュニパーは調査の結果、五人は最近、それぞれの人生において「なにかをやりとげていた」ということを知りました。吊橋が切れたのは事故ではなく、神の意志であったという考えに気持ちを動かされているようです。この世には偶発事故などない、というのです。

しかし、物理法則や金属疲労が原因して飛行機の翼が取れたり、あるいは整備技師の不注意のためにエンジンが故障したりして、飛行機が墜落し、二〇〇人の人たちが死んだとして、その日それら二〇〇人の人たちが運命の飛行機に乗るのは神の意志だった、というのでしょうか？　空港に向かう途中、車のタイヤがパンクしたために飛行機に乗り遅れた二〇一番目の乗客は、離陸する飛行機を見ながら不運を嘆いたり神に悪態をついたりすることでしょうが、それは、他の者は死に彼は生きよという神の意志なのでしょうか？　もしそうだとしたら、人の生と死を分ける独断的なやり方によって、神は私たちになにを伝えようとしているのか、私は疑問を抱かないわけにはいきません。

マーティン・ルーサー・キングが一九六八年の四月に殺されたとき、黒人運動指導者としての彼の役割は峠を越していた、という事実が取り沙汰されました。多くの人が、死の前夜に彼が話したことに言及して、彼はモーセのように「山の頂上に立ち約束の地を見た」と語ったが、それは、モーセがそうだったように、自分もそこに到着することなく死ぬことを暗示していたのだろう、と言ったものです。彼の死は理不尽な悲劇だと受け入れないで、多くの人が、ワイルダーのジュニパー修道僧のように考えました。つまり、〝過去の人〟とか招かれざる預言者としてキングがつらい日々を生きなくてもいいように、神がそのいのちを取り去ったのだと考えたのです。

私は、そんな理由づけにはまったく納得がゆきません。神は、ひとりの黒人指導者の自尊心だけを気にかけるのではなく、何千万という黒人の男たち、女たち、そして子供たちの必要に気を配っていると私は考えます。キング牧師が殺されたことで、彼らにとってどんな良いことがあったか、説明するのはむずかしいはずです。想像力をゆがめてまで暗殺の凶器の上に神の指紋を探すようなことをしないで、暗殺は神の意志とは無関係であり、私たちに敵対する行為だったように神にも敵対する行為であったと認めては、なぜいけないのでしょうか？

兵士たちは戦場で、名前も顔も知らない敵に発砲します。敵の兵士は好感のもてる礼儀正しい人で、優しい家族と約束された地位が待っているなどしいらないことを考えて、注意を散漫にするようなことは許されません。兵士たちは、勢いよく発射された弾丸に判断力などないことを知っていますし、落下していく迫撃砲の砲弾には、この人が死んだのではかわいそうだとか、この人は死んでもだれも悲しまないという区別ができないこともわかっています。ですから、兵士たちは、自分はこういう人間だから死んでもしかたないとか、死ぬはずはないとかは言わずに、「自分の番がきた」とか、「自分の名前が書かれた弾丸が飛んできた」とか言って、ある種の運命論的考えを抱くようになるのです。また、だからこそ、軍隊はすでに戦死者を出した家庭の一人息子を戦場に送ったりしないのです。というのも、軍隊は、神がすべての人を公平に扱うとは考えていないからです。

ずっと昔の聖書の時代でさえ、軍隊は、婚約をしたばかりの者や新しく家を建てた者たちに対しては、戦死してせっかくの喜びがふいになってはいけないというので、家に帰るように指令を出していました。心底から神を信仰していた古代イスラエルの人びとでさえ、弓矢がどこのだれに命中するか、納得できるような結果を神に求めることはできないと知っていたのです。

混沌と秩序のせめぎあい

いまいちど問うてみましょう。なにごとにもつねに理由があるのでしょうか、それとも、理由もなくでたらめに生じる出来事もあるのでしょうか。

聖書には、「はじめに神は天と地とを創造された。地は形なく、混沌とし、やみがすべてをおおっていた」と記されています。それから神は混沌とした状態に手を伸べ、整理し、行き当りばったりの世界に秩序を与えました。神は光と闇、地と空、陸と海を分けました。これが創造の意味なのです。つまり、創造とはなにもないところからなにかをつくることではなく、混沌に秩序を与えることなのです。創造力のある科学者や歴史家は、事実をつくり出すのではなく、事実を秩序だてて整理します。つまり、事実をたんなるでたらめな出来事の記録とみなすのではなく、それらの事実の間の繋がりを見ていくのです。創造力に富む作家は新しいことばをつくり出すのではなく、普通のことばを上手に配列して、私たちがなにか新しいものに目覚めるようにしてくれるものです。

そのように、神が第一に重きをおいて考えていたのは、混沌とした宇宙に秩序と規則をつくり出すことでした。規則正しい日の出と日没、定期的な潮の満ち引き、それぞれの種《しゅ》にしたがって再生産が可能なように種子《たね》をつくる植物や動物。六日目の終りには、神はつくろうとした世界の創造を終え、七日目に休息をとったのです。

ところが、六日目の午後の終業時点で、神がまだ完全にことを成し遂げていなかったとしたらどうでしょう? 私たちは今日、世界は六日間でなく、何十億年という時をかけて形成されたことを知っています。創世記のこの創造の物語はたいへん重要なものであり、私たちが聞くべき多くのことを語っていますが、六日間で創られたという時間枠は、文字どおりにとるべきものではないでしょう。創造、つまり混沌とした状態が規則と秩序に取って代わられていく過程が、今もなお行なわれていると仮定してみてください。いったいどういうことになるでしょうか?

六日間の創造物語という聖書的表現を考えてみると、いまはちょうど金曜日の午後だと考えられます。人間は、わずか数時間前に創られたばかりなのです。世界はほとんど秩序だち、予測可能な場所になっており、いたるところに神の徹底した仕事の成果を認めることができますが、まだ多少の混沌状態が残っています。ほとんどの場合、宇宙はしっかりとした自然の法則に従って営まれています。しかし、ときどき、自然の法則の外側で――反してということではなく――なにかが起こります。こんなことにならなくてもよさそうなものだが、と言いたくなるようなかたちで、ものごとが起こるのです。

私がこの本を書いているこの時にも、カリブ海方面に大きなハリケーンが発生したことを新聞は報道しています。気象学者たちは、ハリケーンが海上で勢力を弱めて消滅してしまうのか、それとも、テキサスからルイジアナに至る人口の密集した沿岸地帯に上陸するのか、予測しかねているようです。

聖書的な考え方によれば、ソドムとゴモラを破壊した地震は、堕落した町の人たちを処罰する神の方法だということになります。中世やビクトリア朝時代の思想家たちのなかには、ベスビオ山の噴火とポンペイの滅亡は、社会に蔓延する不道徳を終結させるための神の方法だったと考えた者もいました。今日においてさえ、カリフォルニアの地震は、サンフランシスコの同性愛やロサンゼルスの性道徳の乱れに対する神の不快感の現れだと言う人がいるのです。しかし、今日の私たちほとんどの者は、ハリケーンや地震や火山には良心などないことを知っています。どの地域の住民は救われ、どの地域の住民は処罰されるべきだ、という判断に基づいてハリケーンの進路を予測するほど、大胆な考えは私にはありません。

ハリケーンや地震は、風向きの変化や地殻の変動が原因で、住民のいない地域ではなく人口の密集した地域をおそうのです。なぜでしょうか？　気まぐれな天候の変化のために、農業地帯で雨が多すぎたり少なすぎたりして、一年の収穫がだめになることがあります。酔っぱらい運転の車は、高速道路の中央分離帯を乗り越えて、近くを走っていた赤いフォードではなく、それより一〇メートル以上離れていた青いシボレーに衝突してしまいます。二〇九便ではなく二〇五便の飛行機のエンジンのボルトが折れて、たまたま乗り合わせた家族たちに悲劇がやってきます。そこにはなんの教訓も神計もありません。ほかの人たちではなく、それら特定の人たちが悲劇にみまわれねばならない理由などないのです。それらの出来事は、神の選択を反映しているのではありません。行き当りばったりに生じるのです。

行き当りばったりとは混沌の別名であり、そこにはまだ、神の創造の光が届いていないのです。混沌は悪です。まちがっているとか、悪意があるということではなくて、悪なのです。なぜなら、行き当りばったりに悲劇や災難を生み出して、神の善を信じようとする人びとを妨げてしまうからです。

私は以前、優れた業績をもつ友人の物理学者にたずねたことがあります。科学者の目から見れば、世界はより秩序正しくなってきているのかどうか、つまり、時間の経過とともに、行き当りばったりの出来事は増えているのか減っているのかと。

彼は熱力学の第二法則、つまりエントロピー増大の法則を引いて答えてくれました。すなわち、すべてのシステムは孤立した状態では熱平衡状態へと変化していくと。つまり、世界はますます無秩序の状態になりつつあると説明してくれたのです。大きさと色によってきれいに配列された、ビンの中のガラス玉を考えてみてください。ビンをゆすればゆするほど、きれいに並べられていた状態からでたらめな配列に変わっていき、ついには、同じ色のガラス玉が隣りあわせで並んでいても、それは偶然でしかないというところまできます。今そういうことが世界で起こっていると彼は言うのです。

沿岸の街に影響を与えることなく海上で消滅してしまうハリケーンがあったとしても、だからそこになんらかの秩序や目的がある、とは言えないのです。長い年月の間には、海上で消滅してしまう害のないハリケーンもあれば、人口の密集した地域をおそって大災害をもたらすハリケーンもあるでしょう。そうした結果を長く調査していれば、調査期間が長くなればなるほど、なんらかのパターンを発見することは困難になるのです。

私はその友人に、違う答えを期待していたのだが、と話しました。私が期待していたのは、聖書の最初の章、つまり創世記第一章に記されていることの科学的表現でした。つまり、〝日〟がたつにつれて混沌とした状態が少なくなり、宇宙はだんだんと秩序正しくなってきている、という答えがほしかったのです。少しでも私の気が安まればと思ったのでしょう、彼は、アルバート・アインシュタインも私と同じように感じていたと話してくれました。アインシュタインは、ものごとはでたらめに起こるという前提に立つ量子物理学に納得できず、それを反証するために長い年月を費やしたのだそうです。アインシュタインは「神は宇宙と賭けをして遊んだりしない」と信じるほうをとったというのです。

アインシュタインや聖書の創世記が正しいのかもしれません。孤立していないのかもしれません。孤立したシステムは無秩序に向かうということでしたが、私たちのこの世界は、孤立していないのかもしれません。創造的な力がなんらかのはたらきかけをしているかもしれない、神の霊が暗い水面の上をただよい、混沌の世に秩序をもたらすべく幾千年もの間はたらいているかもしれないのです。〝金曜日の午後〟を迎え、世界の進化は偉大な安息日、つまり世の終りに向けて時を刻んでいるのであり、無秩序という悪は、いまのところまだ消滅するまでには至っていないということかもしれないのです。

あるいは、神は自分自身の創造の仕事を幾星霜もの昔に終えてしまっていて、残りの仕事は私たちにゆだねられているのかもしれません。残された混沌状態、つまり運や不運、理由なくものごとが生じるといったこと、ミルトン・スタインバーグが「神の創られし神殿のいまだ取り払われざる足場」と呼んだような悪は、これからも存在し続けるのかもしれません。

そうだとしたら、私たちはそうした状況のなかで生きていくことを学ぶしか方法がありません。殺人や強盗と同じように、地震や事故というものは神の意志ではなく、神の意志とは別個の現実であるということを知り、私たちが怒ったり悲しんだりするように、神もそのことで怒ったり悲しんだりしているのだということを認識することで、慰められ支えられながら生きていくしかないのです。

4章

新しい問いの発見

ほんとうの奇跡とは

モーセがイスラエルの民を率いて紅海を渡ったという聖書の記事を教わった子供が、日曜学校から家に帰ってきた時の話です。

なにを教わってきたのとたずねる母親に、その子は答えました。「イスラエル人たちがエジプトを脱出しちゃったんで、パロとその軍隊が追っかけたんだ。イスラエル人たちは紅海まで逃げてきたんだけど、海を渡ることができなくて、エジプトの軍隊がどんどん近づいてきちゃったの。そこで、モーセは無線機を取り出して救援をたのみ、イスラエル空軍はエジプト軍に爆弾攻撃をしかけ、イスラエル海軍は浮き橋をつくって人が渡れるようにしたんだってさ」。驚いた母親が「紅海の話をそんなふうに教わったの？」とたずねたところ、その子は、「ちがうよ。でも、習ったとおりに話したら、お母さん、きっと信じないと思うよ」と答えたのだそうです。

何世紀もの昔、人びとは奇跡物語によって、神の力と保護を確信したものです。彼らは、イスラエル人に乾いた地を渡らせるために神がいかに紅海を二分したかを話しました。神が正しい人の祈りに応えて雨を降らせたことや、逆流した河の流れ、軌道上を後戻りした太陽の物語などを語りついできました。ダニエルがライオンの穴からかすり傷ひとつ負わずに抜け出してきた話や、シャデラク、メシャク、そしてアベデネゴの三人が燃えさかるかまどの中から生還した話などを思い出したのです。これらの物語が言わんとすることは、神は意にかなう人びとを支え守るためには自然の法則を曲げることさえいとわないほど、私たちのことを心にかけてくださっている、ということの証明でした。

ところが、今日の私たちは、さきほどの日曜学校の少年のようなものです。そういう物語を学びはしますが、ほんとうだろうかと疑っています。どちらかといえば、私たちは変わることのない自然の法則のなかに神の証明を見いだします。神は私たちに精密で規則正しい、素晴らしい世界を与えてくださったのです。人間がこの世界に住んでいられるのも、自然の法則が正確で信頼でき、いつも同じようにはたらいているからなのです。

地球には引力があります。重い物体はつねに地面に向かって落ちようとするので、建築に携わる人たちは、材料が空中をふわふわ行ってしまうことに悩まされないで、家を建てることができるのです。また、化学というものがあります。特定の元素を特定の比率で混合させるとつねに同じ結果が生じるので、医師は処方することができるし、つぎに起こることを予測することが可能になるのです。私たちは、この日の日の出は何時で、日の入りは何時か、予測することができます。いつどの地方で日食が見られるかということさえ予測できるのです。古代の人びとにとって、日食は不自然な出来事であり、神の警告であると考えられていました。ところが、私たちにとって、それは完全に自然な出来事であり、神の創造した宇宙がいかに精密であるかを思い起こさせてくれるものなのです。

私たち人間の体は、自然の法則を超えているという意味からではなく、自然の法則に正確に従っているという意味において、奇跡なのです。消化器は食物から栄養を抽出します。皮膚は発汗作用によって体温の調整をしています。瞳孔は、光に反応して開いたり収縮したりするのです。病気になったときでさえ、肉体に組み込まれている防衛機制が病気と闘うようになっているのです。こうした素晴らしいはたらきはすべて、私たちがふつう気づかないうちに、きわめて精密な自然の法則に従って行なわれています。これこそが、紅海が二つに割れたなどという荒唐無稽なことではなく、ほんとうの奇跡なのです。

自然の法則は平等

これらの法則が不変であるから、医学や天文学が可能になるのですが、その不変性は同時に問題も引き起こします。引力は物体を落下させます。しかし、ときには人の上に物を落として負傷させることがあります。またときには、引力のせいで人が山から転落したり、窓から落ちたりします。氷の上で人がころんだり、水におぼれたりするのも引力のせいです。私たちは引力なしには生きられませんが、それは、引力が生み出す危険と共に生きねばならないということでもあるのです。

自然の法則は、すべての人間を平等に扱います。善良であるからとか価値がある人間だからといって、特別扱いをするわけではありません。

もしある人が、伝染病にかかった人のいる家に入ったとしたら、病気がうつる危険を冒すことになります。なんのためにその家に入ったかは問題ではありません。その人が医師なのか泥棒なのか、病原菌にしてみたら、変りはないのです。リー・ハーヴェイ・オズワルドがジョン・ケネディ大統領を狙って射ったとすれば、引き金が引かれた瞬間から、自然の法則が弾丸を支配するのです。つまり、弾丸の軌道や負傷の程度は、ケネディ大統領の人格や、彼の生死が世界にどんな意味をもつかといったことには左右されないのです。

自然の法則は、正しい人だからといって例外扱いをしてくれません。弾丸には良心がありませんし、悪性腫瘍や制御を失った自動車にしても同じです。だから、正しい人もすべての人と同じように、病気になったり負傷したりするのです。私たちが日曜学校でダニエルやヨナについてどのように教えられたにせよ、神は正しい人が傷つかないようにと、自然の法則に介入することはないのです。それが、正しい人に災いが生じる原因であり、私たちの住む世界のもうひとつの側面なのです。神が災いを引き起こすのではありませんし、神はそれを防ぐこともできないのです。

そして実際のところ、もし神が自然の法則に関与するとしたら、私たちはこの世界で生きていくことができるでしょうか？　議論を進めるために、敬虔で正しい人にはどんな災いも生じさせない、と神が決めたとしましょう。オズワルドがどんなに注意深く大統領を狙って射っても、神が弾丸を逸らせてくれるでしょう。大統領専用機の翼が落ちたとしても、神がその飛行機を無事に着陸させてくれます。神に気に入られている特定の人たちだけが自然の法則から除外され、その他の人たちは自分自身でなんとかしなければと汗水を流す、そんな世界が、より良い世界だと言えるでしょうか？

話をわかりやすくするために、私をそれら善良な人たちのひとりと考えてみましょう。私は神に従順で、慈悲深く、小さな子供もいるし、人びとを助けるために毎日を生きているので、神はどんな小さな災いも私にふりかからないようにしてくれるとしましょう。そうすると、いったいどういうことになるでしょうか？　自然が私を傷つけないように神がはたらいてくれるから、私は寒空のなか上着も着用しないでいても病気にならないということでしょうか。交通量のはげしい道路を信号無視で横断しても、かすり傷ひとつ負わないでいられるということでしょうか。すごく急いでいる時、エレベーターを待たずに高いビルの窓から飛び降りても、骨折もしないということなのでしょうか。正しい人がそうでない人と同じように自然の脅威にさらされている世界には問題がありますが、正しい人だけが自然法則から免れる世界というのは、もっと問題があるのではないでしょうか。

神のすることと神のしないこと

保険会社は地震やハリケーン、その他の自然の災害を「神の行為」と表現しています。それは、神の名を軽々しくもちだした悪い例だと思います。私は、なんの理由もなく、罪もない数千人の人を殺してしまう地震を、神の行為だとは信じません。それは自然現象です。自然には道徳観もなければ価値観もないのです。自然そのものの法則に従って、だれがそこにいるか、なにがそこにあるかということなど関係なく猛威をふるうものなのです。

しかし、神には道徳観があります。もし、神に道徳観がないと思っていたら、礼拝することなどできません。神は正義であり、公正であり、愛なのです。私にとって、地震は「神の行為」ではありません。神の行為というのは、地震が去ったあとで生活を立て直そうとする人びとの勇気のことであり、被災者を助けるために自分にできることをしようと立ち上がる人びとのことなのです。

橋が壊れて落ち、ダムが決壊し、飛行機の翼が取れ、人が死んだとしたら、私はそれを神の行為だと考えることができません。神は、その人たち全員がその瞬間に死ぬことを望んでいたとか、あるいは、そのなかの幾人かだけが死ぬことを望んでいたけれど、しかたなくほかの人たちをまきぞえにした、などと信じることはできないのです。私は、それらの惨事はすべて自然のなせる業であって、そこには、特定の人を選び出して処罰するという道義的理由などないことを確信しています。

人間が神から与えられた知恵を自然の災害の研究に注ぐなら、おそらくいつの日か、地震やハリケーンや金属疲労の物理的プロセスは解明され、予測や予防すらできるようになるでしょう。そうなれば、「神の行為」によって罪のない人が災難にあうことは少なくなるでしょう。

私には、どうしてある人が病気になり、他の人はならないのかわかりませんが、私たちの理解を超えた自然の法則がはたらいているのだろうということだけは想像できます。私は、神が特定の人に特定の理由で病気を「与えた」とは信じられません。悪性腫瘍の週間割当て計画書を作り、だれに配布するのがいちばんふさわしいか、だれがいちばん上手に対処できるか、などとコンピュータで調べている神を私は信じません。

病人や苦痛にさいなまれている人が、「いったい私がどんな悪いことをしたというのだ？」と絶叫するのは理解できますが、ほんとうのことを言えば、これはまちがった問いかけです。病気であるとか健康であるとかいうのは、神が私たちの行いや態度にもとづいて決定していることがらではないのです。ですから、より良い問いかけは、「こうなってしまったのだから、私はいまなにをすべきなのか、そしてそうするためにだれが私の助けになってくれるだろうか？」ということなのです。

これまでの章でも考えたように、もし私たちが、世界で生じるすべての不公平な出来事を神の責任であると考えることをやめるなら、神は道徳的価値観の拠り所であろうと、もっと素直に考えることができるでしょう。

肉体の痛み

私たちは、問いを違ったかたちにしなければならないと思います。なぜ正しい人が悪い人と同じように自然の法則のために苦しまなければならないのか、と問うのでなく、つまるところ人だれしも苦しむのはなぜか、と問うべきなのです。

なぜ人は病気にかからねばならないのでしょうか？　なぜ苦痛を体験しなければならないのでしょうか？　なぜ死なねばならないのでしょうか？　もし、神が私たちの最善を思って世界を設計してくれているのなら、なぜ神は、善人であれ悪人であれだれにも害をおよぼさない、不変の自然法則を創り出さなかったのでしょうか？

「やれやれ、自分の聖なる創造の体系に痰《たん》だの虫歯だのといった現象を含めることが必要だというような至高の存在に、きみはどれだけ尊崇の念を持ち得るのかね。年寄りから自分でうまく排便する能力を奪うなんて、神さまのねじくれた、邪悪な、不潔不浄の心にはいったいどんな考えが走っていたのかね。いったいなんだって神は痛みなんてものを創造したのかねえ」

「痛み？」。シャイスコプフ少尉夫人は勝ち誇ったようにその語に跳びかかった。

「痛みは有益な症候よ。痛みは肉体的危険が存在しているというわたしたちに対する警告なんですからね」

「じゃ、その危険はだれが創造したんだい」とヨッサリアンは返答を迫った。彼は痛烈に笑った。「ああ、神さまはわれわれに痛みを与えるなんて、まったく慈愛に富んだことをしてくださったものさ！　われわれへの警告ならなぜドア・ベルを使えなかったんだろう、さもなきゃ天上なる彼の聖歌隊のひとつを。あるいは各人の額のまんなかに青と赤のネオン管をつけるわけにはいかなかったのかねえ。少し腕のいいジュークボックス製造業者なら、だれだってそのくらいのことはできただろうよ。なぜ神さまにはできなかったのかね」

「人々が額のまんなかに赤いネオン管なんかつけて歩いていたら、まったくばかげて見えるでしょうよ」

「人々がいま苦しみのうちに身もだえしたり、モルヒネで麻酔にかけられているさまはまったく美しい、というわけかね」

（ジョーゼフ・ヘラー『キャッチ＝22』飛田茂雄訳）

なぜ私たちは苦痛を覚えるのでしょう？　およそ四〇万人に一人の赤ちゃんが、だれも望まないような苦痛に満ちた人生を余儀なくされ、幼くして死んでいきます。しょっちゅう自分自身を傷つけ、ときには生死にかかわるほどの傷をつけるのに、自分ではそれと気づきもしないという痛ましい病気です。それは家族性自律神経異常という名で知られる遺伝性のめずらしい病気で、痛みを感じることができないというものです。その病気にかかった子供は、自分で切り傷をつけたり、火傷を負ったり、ころんで骨折したりするのですが、自分ではなにも気がつかないのです。ノドの痛みもおなかの痛みもうったえることがありませんから、両親が病気に気づくときはすでに手遅れになっているのです。

こんな人生、痛みを感じることのないこんな人生を、みなさんは送りたいと望むでしょうか？　痛みは確かに気分の良いものではありませんが、生きていくためには必要なことなのです。ジョーゼフ・ヘラーは主人公のヨッサリアンにこうした考えを茶化させていますが、まったくの話、痛みというのは、私たちが無理をしすぎているとか、体のある部分が正常に機能していないとか、負担がかかっているとかいうことを、自然が私たちに告げていることなのです。痛みを無視したり、痛みの原因を取り除こうとしないで鎮痛剤でごまかしていた結果、ひどいときには肢体不自由といったかたちで、早々と選手生命を断たれてしまった運動選手の話を読んだことはありませんか。痛みが軽いうちに病院に行けばよかったのに、ほうっておけば治るだろうとたかをくくっていたために、緊急を要する事態になって病院に飛んでいく人のことを考えてみてください。

限界以上に筋肉を強く使うと痛みを感じます。痛みを感じるので、ひどい火傷をする前に熱い物からとっさに手を離すことができます。この驚異に満ちた複雑な機械、つまり体に起こった異常を告げるしるしとして、私たちは痛みを感じるのです。

それなのに、私たちは痛みを、神が下す罰だと思いちがいしているようです。たぶん、子供のころ父親か母親に叱られてたたかれたことを覚えていたり、ふりかかる不愉快な出来事はすべて自分への罰だと信じてでもいるのでしょう。事実、「痛み pain」ということばは、「罰として苦痛を与える punish」や「処罰 penalty」という語と同じく、poena というラテン語からきてはいます。しかし、痛みは私たちに対する神の処罰を表わすものではありません。それはどこかに異常をきたしていることを善人にも悪人にも同じように警告する、自然の手段なのです。

私たちは痛みの支配下にあるために、人生をいやなものだと思うかもしれません。ある人が、歯が痛んでいる人は森のなかを歩いても、歯の痛さのために森の美しさを楽しむことはできないと言っていました。しかし、痛みをまったく感じないとしたら、人生というのは危険なものになるだろうし、おそらく生きていくことさえできなくなるでしょう。

痛みに意味を与える

ただし、この種の痛み——骨折や熱いストーブ——は動物のレベルでの反応です。動物もその種の痛みは、私たち人間と同じように感じます。魂がない動物でも、なにかとがったものが体につきさされば、痛みを感じるのです。しかし、痛みにはもうひとつ別の次元の、人間だけが感じるものがあります。人間だけが意味を見いだせるような痛みです。

つぎのようなことを想像してみてください。科学者が、人の感じる痛みの強度を測る方法を発見しました。それにより、偏頭痛の痛みは、ひざをすりむいた痛みよりも大きいということが測れます。また、人間の体験する痛みのなかで最大のものは、出産と腎臓結石による痛みだと判定されました。

純粋に肉体的見地によれば、これら二つはまったく同じように痛みを感じさせますし、これほどの痛みを感じさせるものは他に類をみないでしょう。しかし、人間としてみるならば、これら二つの間には大きな相違があります。腎臓結石による痛みは、体に機能不全があるというだけの無意味な苦しみにすぎませんが、出産による痛みは創造的痛みです。それは意味のある痛みですし、生命を与える痛みであり、なにかに向かう痛みなのです。だから、腎臓結石の苦痛に耐えている人がよく、「この痛みがなくなるんだったら、どんなことでもする」と口にするのに、赤ちゃんを産んだ女性は、ゴールに到着した走者か登山家のように、苦痛を超越し、その体験をくり返そうとさえ考えるのです。

痛みというのは、私たちが生きて存在するために支払う代価です。死んだ細胞――髪の毛や爪――は痛みを感じることができません。なにも感じることができないのです。そのことがわかれば、私たちの質問は、「なぜ苦しまねばならないのか?」というものから、「ただ無意味でむなしいだけの苦痛に終わらせず、意味を与えるために、私はこの苦しみにどう対処したらいいのだろう? どうすれば、この苦しい体験が産みの苦しみ、成長の痛みになるのだろうか?」という問いかけに変わっていくことでしょう。

なぜ私たちが苦しむのかは、けっしてわからないかもしれません。痛みの原因を克服することもできないかもしれませんが、苦痛が私たちにおよぼす影響や、それによって私たちがどのような人間になるかについては、かなりのことが考えられます。痛みのせいで敵意を抱き、ねたみ深くなる人がいます。痛みによって感受性を養い、愛情豊かになる人もいます。痛みや苦しみの体験を意味あるものにするか、むなしく害だけのものにしてしまうかを決めるのは、痛みの原因ではなく、結果なのです。

なぜ人は病に苦しむのか?

神はなぜ、病気や不幸の存在する世界を創造したのでしょうか? 人が病気になったり、ときには不治の病にかかってしまうのはなぜか、私にはわかりません。

病気が細菌やウイルスが原因で起きることは知っています。(細菌やウイルスを見たわけではありませんが、医師がまちがいを教えることはないだろうと考え、そのように信じているわけです。) 意気消沈し、まわりの人たちから拒絶されていると感じ、将来に希望を感じられない時に、人は病気になるのではないかと私は考えています。人に愛されていることを知っている人や、将来に希望を見いだしている人は、病気の回復が早いということも知っています。しかし、なぜ私たちの肉体は細菌やウイルスや悪性腫瘍などに負けるように創られねばならなかったのか、という問いには答えることができません。

私たちの肉体を形成している細胞はたえず死滅し、そして再生されているということは理解しています。だから大きく成長していくことが可能だし、すり傷やあざになった皮膚が新しくなることが可能なのです。体内に異物が侵入してくると、私たちの肉体が防御力を結集してそれと闘いはじめることや、そのことがしばしば体温を上げ、発熱させることを私は理解しています。また、骨は適度に柔軟で軽いからこそ歩くことができるわけですが、同時に、激しい重圧に対しては折れやすくならざるをえないこともわかります。自分に過失のない事故によって脊髄損傷を受け、半身不随になってしまった若い男性にとって、それは言語に絶する悲劇ですが、少なくとも自然の法則にはかなっているのです。

人間の肉体の機能についてより多く知り、この世界に組み入れられた自然の法則をより多く理解することで、私たちは多少の答えを見いだしました。肉体を休みなく酷使し、健康を無視するならば、どこか悪くする危険はいやが応でも増大するということを理解するようになりました。私たちの肉体はあまりにも繊細にできすぎているのではないか、という問いに対しては、そうでなければ必要な機能を果たせない、というのが答えになります。

一日二箱のタバコを二十年間吸い続けて肺ガンになった男性は、問題をかかえこんで同情はさそうでしょうが、「なぜ、私をこんな目にあわせるのか？」と神を責めることはできません。かなり肥りすぎている人なら、心臓が余分な脂肪や硬化した動脈に血液を運ばねばならず、過度の負荷による問題が生じるでしょうが、その人も神に不平を言う理由はありません。来る日も来る日も長時間働きどおしの医師、聖職者、あるいは政治家といった人びとも、いかに崇高な動機に促されたのであったとしても、自分自身の健康を損なったことについて、だれにも文句は言えないのです。

しかし、ガンになるのはどうしてでしょうか？　どうして盲目、糖尿病、高血圧、腎不全になるのでしょうか？　べつに健康に悪い習慣がない場合でも、私たちの肉体が自然に悪くなっていくのはなぜでしょうか？　知恵遅れの子供は染色体欠損の結果だと言うのは、なにかを説明しているようでいて、そのじつなんの説明もしていないのです。なぜ染色体に欠損が生じなければならなかったのか？　そして、なぜ、人生における幸せの可能性が、その人の責任ではないものに左右されなければならないのでしょうか？

私には、それらの問いに満足のいく答えを出すことができません。私の提供しうる最上の答えは、現在の人間は長くゆっくりとした進化の過程の最後の段階にいることを、思い出していただくというものです。

昔、地上に存在していた生きものといえば植物だけでした。それから両棲動物が生まれ、その次により高等で複雑な動物が出てきて、最後に人間が現われました。生命が単純なものから複雑なものに進化してきた過程で、私たちは前段階の形態で有していた弱い部分を受けつぎ、存続させてきたのです。植物のように、私たちの肉体は傷つきやすく朽ちやすいのです。動物のように、老いて弱くなり死んでしまうのです。

しかし、植物が朽ちても、そこには悲しみは存在しませんし、動物には、人間に比べてひとつの重要な利点があります。それは、もし、ある動物の肉体がなんらかの変調をきたしたり、欠損を生じたりすると、その個体は弱ったまま捨ておかれるために、番《つが》うことはほとんどなく、染色体欠損を次の世代に残していくことがないということです。そのようにして、生存に適さない特質は消滅していき、次の世代はより大きく、より強く、そしてより健康なものとなることが多いのです。

人類はそのようには進んでゆきません。糖尿病の人でも、先天的に健康上の問題をかかえている人でも、魅力的で感性の豊かな人なら結婚をし、子供をもうけてゆきます。だれも、その人のそうした権利を拒否することはできません。しかし、そのようにして、体に障害をもつ確率が平均以上の子供を、人類は生み出すことになります。

つぎにあげる出来事の顚末を考えてみてください。両親からの遺伝的要因で、先天性の心臓疾患あるいはその他の生死にかかわる疾患をもつ男の赤ちゃんが、分娩室で誕生しました。もし、その赤ちゃんが出産後まもなく死亡するなら、両親は家に帰り、悲しみはするでしょうが、精神的に押しつぶされてしまうということはないでしょう。しばらくの間、彼らはうちひしがれ、なにをどうしてよいのかわからずにいるでしょうが、そのうちに、この出来事は過去のものとして、将来を見据えて生きてゆくようになるでしょう。

ところが、その赤ちゃんが死ななかったとしたら、近代医療の奇跡と看護師や医師の献身的努力のおかげで生命をとりとめたとしたら、どうでしょう。彼は大きくなります。スポーツに興じるには体が弱すぎますが、頭が良く、明るく、みんなの人気者になるのです。彼は医師、教師、あるいは詩人になるでしょう。結婚して子供にもめぐまれます。専門の分野で尊敬され、近所の人たちからも愛されます。妻や子供から愛され、頼りにされるようになります。そして、三十五歳か四十歳の時、虚弱な肉体が彼を捕えます。生まれたときに生命をおびやかした先天的に弱い心臓がついに停止し、彼は死んでしまいます。このとき彼の死は、数日間、悲しんだぐらいではおさまらない影響をもたらします。妻や子供にとっては、身も心も粉々になってしまうほどの悲しみでしょうし、そのほか彼を知るすべての人にとっても、深い悲しみとなるのです。

もし、病気の子供を出生の時に死なせるなら、子供の生命を助けるためにそれほどの努力を払わないなら、また、健康の見本のような人たちだけに結婚して子供を産むことを許し、他の人びとには禁止するというふうにするならば、悲劇の多くを防止することができます。つまるところ、それこそ動物たちがしていることであり、それによって、遺伝的欠陥が世代を超えて受けつがれていかないわけです。しかし、道徳的根拠からであれ、自分の利益からであれ、いったいだれがそのようなことに賛同するでしょうか？

この個所を書いている今も、私は近所に住む、不治の病のため日一日と死に近づいている男性のことを考えています。そして、こんな生物学的考察や推論が、彼にとって慰めとなるのだろうかと疑問に思っています。慰めにはならないでしょう。ヨブを慰めようとした友人たちの役回りを演じるのなら話は別ですが、そうでないなら、彼の病気はある自然の法則に従っているのだと知ったところでなんの役にも立ちません。両親が知らないうちに恐ろしい病気の種を植えつけたのだ、と告げたら、彼の気持ちがいくぶんたりともおさまるというのでしょうか？

ヨブは神について質問を投げかけましたが、神学の勉強が必要だったわけではありません。彼が必要としていたのは、同情と思いやり、自分は悪い人間ではないのだという確信、そして優しい友人でした。

私の近所に住むその人も、自分の病気について私に問いかけますが、もし私が生物学や遺伝学の説明で応じるなら、彼が必要としているものをわかっていないことになります。彼はヨブと同じように、自分の身にふりかかった災難は恐ろしく不公平な出来事なのだと、だれかに言ってもらいたいのです。頭脳と精神を強く保つための助けを必要としているのです。そうすれば、たとえ歩いたり泳いだりできなくても、自分で考え、計画し、決定できる未来を期待することができるでしょう。たとえ自分で動くことができなくなっても、絶望的で依存的な障害者にならずにすむのです。

なぜ近所に住むその友人が病気なのか、死につつあるのか、絶えず苦痛にさいなまれるのか、私にはわかりません。私の宗教的信念からすれば、神はなにかの理由でこのひどい運命をあなたに負わせたのだとか、神はあなたを特別に愛しているのだとか、あなたの勇気を讃えてこうして試しているのだとか、とうてい話すことはできません。

私に言えることは、私の信じる神は、このような病気をあなたに与える方ではないし、奇跡的治療法を隠し持っているのでもない、ということだけです。そうではなく、不滅の精神を弱く傷つきやすい肉体に宿して生きていくしかないこの世界で、自分の責任でない不公平によって苦痛にさいなまれている人、死の恐怖におののいている人に、私の信じる神は強さと勇気を与えてくださるのです。

私は、不自由な肉体だけが彼の存在のすべてではないのだ、ということを認識する手助けをしてあげられます。彼は衰弱した病人以上の存在です。愛してくれている妻や子供、たくさんの友人をもつ人間です。そして、最後の瞬間まで、ことばのもっとも深い意味において生き続ける人間として、自分を支えていく信念を内面に持ちあわせている人間なのです。

なぜ人は死ぬのか？

私には、なぜ人は死を免れないのか、死ぬべき運命にあるのかわかりませんし、どうしてそのときそんなふうに死んでしまうのかもわかりません。人がけっして死ぬことなく、永遠に生き続けるような世界を想像してみると、理解の手がかりになるかもしれません。

大学一年生のころの私は、老いや死など遠い先の話で考えてみたこともないという若者でした。しかし、授業のひとつに世界古典文学がありました。そのなかで、私は死と不滅について二つの考察を読み、三十年たった今日でもはっきりと覚えているほどの強い印象を受けたのです。

ホメロスの『オデュッセイア』のなかに、ユリシーズが神々の子であり海の王女であるカリュプソに出会う個所があります。神々のひとりであるカリュプソは不死の存在です。彼女はけっして死ぬことがないのです。それまで一度も死すべきものに出会ったことがなかった彼女は、ユリシーズに興味を抱きます。その個所を読んでいくと、ユリシーズが永遠に生きないことをカリュプソが羨んでいるということに気づきます。ユリシーズの時間には限りがあるというまさにその理由で、彼の人生は意味深いものとなり、その決断は重要性を増し、選択した行動は真実の選択となるというのです。

つぎに私が読んだのは、スウィフトの『ガリバー旅行記』でした。空想の翼を広げてスウィフトが描くラグナグ人の国では、一世代のうちに一人か二人、ひたいに赤い丸印のついた子供が生まれるのですが、それはけっして死ぬことがないという証明なのです。ガリバーは、死という「人間にとっての最大の不幸を生まれた時から免れている」子供たちのことを、考えられないほど幸運な人びとだと考えます。しかし、実際に会ってみると、事実はまったく逆で、彼らはこの世でもっともみじめで、かわいそうな生きものだったのです。彼らは年老いて、弱っていきます。友だちや同年代の人たちは死んでいきます。八十歳になると財産は取り上げられ、子供たちに譲り渡されます。そうしないと、子供たちが財産を相続できないからです。肉体はさまざまな疾患に冒され、恨みや不満はつのる一方だし、人生の苦難に疲れはてているのですが、そうした苦しみから解放される見通しさえまったくないのです。

ホメロスは、不死の人が死ぬ運命にある者を羨んでいる、ということを示しています。スウィフトは、死ぬことのできない人は憐れむべきである、と教えています。いつか死ぬということを認識して生きていくことは、恐ろしくもあり悲劇的でもあるけれど、しかし、けっして死なないと知っていることは耐えがたいことだと、教えようとしているのです。もう少し長生きしたいとか、もう少し幸福に生きたいとか願うことはできるでしょうが、永久に終わることのない人生を耐え切れる人などいるのでしょうか？　多くの人たちに、死のみが人生の苦痛を解放してくれるのだと考えるような時が、いつか訪れることでしょう。

もし人が永遠に生き、けっして死なないとしたら、二つのうち一つのことが起こるはずです。つまり、世界はどうしようもなく人口過密になるか、さもなければ、そうした過密状態を避けるために、だれも子供を産まなくなるかのどちらかです。人間性から新しい出発という感覚が奪われてしまいますし、子供の誕生に代表されるような、太陽のもとで新しいことが生起する可能性が奪い去られてしまいます。人が永遠に生き続ける世界であったなら、私たちはけっして生まれてこなかったにちがいありません。

しかし、さきに痛みについて考察したときのように、人が死すべき運命にあることは良いことだと一般論をふりかざすのは、ものごとの一面しか説明していないことを認識すべきです。親や妻や子を亡くした人に対して、死とは良いものだ、と告げることはできないのです。そんなことはだれもしないでしょう。残酷だし浅薄すぎます。

そのような状況にある人に言えることは、死ぬということは人生に対して与えられたひとつの条件なのだ、ということだけです。私たちは、生命それ自体について説明できる範囲内でしか、死についても説明することができません。死を克服することはできませんし、延期することさえできないこともあるのです。私たちにできることは、「なぜ、こんなことが起こったのか?」という問いを超えて立ちあがり、「こうなった今、私はどうすればよいのか?」と問いはじめることなのです。

5章

人間であることの自由

人間であるということ

どんな宗教であれ、それが私たちに教えるもっとも重要なことのひとつは、人間であるとはどのような意味をもつことか、ということです。

聖書のとらえる人間観は、その神観がそうであるように、根源的な意味にまでせまっています。聖書の冒頭の二つの節が、人間であることについて、また、人間として私たちはどのように神やまわりの世界とかかわりをもっているかについて、述べています。

第一番目は、創世記の最初の章に記されていることですが、人間は神のイメージに似せてつくられたという宣言です。神の創造のプロセスのヤマ場において神は、「われわれのかたち《イメージ》に、われわれにかたどって人を創ろう」と述べています。どうして複数形が使われているのでしょうか？「われわれ」とはだれでしょうか、「われわれ」ということばで神はだれのことをさしているのでしょうか？

このことを理解するために、その直前に記載されている文章、つまり神が動物たちを創ったという記事と結びつけて考えたらどうでしょう。天地創造の叙述は、科学者たちが解明した進化の過程に驚くほど似ていますが、神ははじめに水でおおわれた世界を創られた、とあります。それから神はかわいた地を出現させ、植物、魚、鳥、そして爬虫類を創り、最後に哺乳動物たちを創ったのです。家畜や獣を創ったあとで、神はそれらの被造物に向かって語りました。「われわれのかたち《イメージ》に似せて、おまえたちやわたしのかたちに似せて、新しい生きもの、人間を創ろう。われわれはその生きものを、ある意味ではおまえたち動物のような——食べたり、眠ったり、番《つが》ったりすることを必要とする——ものとして、またある意味ではわたしのように動物より高等なものとして創ろう。おまえたち動物は彼に肉体的次元のかたちを与え、わたしは彼に霊の息をふきこむのだ」。そのようにして、被造物の頂点として、動物としての性質と神のような性質をあわせもつ人間が生まれたのです。

しかし、私たちのいったいどの部分が動物たちより優れているのでしょう？　どのようなところが、他の生きものには備わっていない神と同質の部分なのでしょうか？　この問いに答えるために、私たちは聖書の第二の主張に注意を向けなければなりません。エデンの園で起こった出来事の物語、聖書のなかでももっとも誤解を受けている物語です。

アダムとイブを創造したのち、神は彼らをエデンの園に置いて、いのちの木も含めてエデンの園にあるすべての木の実を食べてもよいと告げました。ただ、善悪を知る木の実だけは食べることを禁じられていました。神は彼らに、その木の実を食べると死んでしまうと警告を与えたのです。しかし、ヘビの強引な勧めもあって、彼らはその禁断の実を食べてしまいます。神は彼らの不従順さを弾劾し、つぎのようなかたちで罰しました。

—アダムとイブはエデンの園から追放され、もうけっしていのちの木の実を食べることはない。(彼らはすぐには死にませんでしたが、永遠に生きることもなく、子供を産み、そして死んでいくものと告げられました。)

—イブは、子供を産み育てることの苦しみを体験する。(「わたしはあなたの産みの苦しみを大いに増す。あなたは苦しんで子を産む」)

—アダムは、ただたんに木の実をとって食べるかわりに、労働して食物を育て収穫しなければならない。(「あなたは額に汗してパンを得る」)

—男と女の間には、性にもとづく緊張感が存在するようになる。(「あなたは夫を慕い、彼はあなたを治めるであろう」)

初めてこの物語を読んだとき、あるいはこの物語を初めて日曜学校で学んだとき、あなたはたんに、アダムとイブが神の命令に不従順であったために神から罰を与えられたのだ、と理解したことでしょう。それは子供のレベルとしては適切な反応ですし、そのように教えられるのがふつうです。(「お母さんが泥のなかで遊んじゃいけないって言ったでしょう。それなのに泥んこになっちゃって。今日はもう、おやつはあげませんからね」)

どのような宗教的伝統のなかで育てられたかにもよるでしょうが、アダムとイブの子孫である人間は、この最初の不従順のゆえに罪ある者とされ、死すべき運命を与えられた、とみなさんは教えられたことでしょう。子供心にも、なにも知らない二人のささいな失敗のために、彼らばかりかその子孫まで罰するのは公平じゃないと感じたかもしれません。善悪を知る木の実を食べる前で、善いことと悪いことの区別ができなかったときのことと あればなおさらです。

私は、この物語には、たんに神に対する背徳とそれに対する罰、ということ以上のものが含まれていると考えています。

私の解釈は、みなさんが教えられてきたものとは著しく異なっていますが、私はこの解釈のほうが理にかなっているし、聖書の精神にもかなっていると思うのです。私は、この物語は人間であることと動物であることの違いを語っていると考えています。そして、それを理解する鍵は、「禁じられた」木が、善悪を知る木と呼ばれている点にあると思っています。

人間は善と悪が渦巻く世界に生きており、そのために、人生は複雑で痛みをともなうものとなっています。動物はそうではありません。彼らの生はもっと単純です。人間なら直面する道徳的問題や道徳的決定など、動物にはありません。「善」だとか「悪」だとかという区別は、動物にはないのです。役に立つか立たないか、従順であるか否かということは言えるでしょうが、善い動物とか悪い動物とかいうものはないのです。「いい犬」とか「悪い犬」とかいうのは、犬が選択する道徳的価値を評したものではなく、私たちにとって便利であるか否かだけを言っているのであって、「いい天気」とか「悪い天気」というのと同じです。動物たちも、完全ではないけれどほぼ人間という状態にあった私たちの先祖と同じように、いのちの木から実をとって食べ、飲み、走り、番《つが》うことはするのです。しかし、動物たちにとって善悪を知る木は立入り禁止領域なのです。

私たちの父や母の世代の人には理解できないことばを使わせていただくなら、動物は「プログラム」されているのです。本能が食べろと命じる時に食べ、眠れと命じる時に眠るという具合です。つまり、動物たちは本能に従っていればよく、むずかしい決断にせまられることはごくまれにしかないのです。

しかし、人間は被造物のなかでも類のない存在です。私たちのなかの「神のかたち」によって、私たちは道徳的な根拠から、本能に「ノー」と言うことができるのです。たとえ空腹であっても食べないでいることができます。性的欲求にかられているときでも、処罰を恐れてではなく、ほかの動物がもちあわせていない「善」と「悪」を理解する力によって、セックスを差し控えることもできるのです。人間であるということは、動物としての性質を超えて、本能をコントロールすることを学ぶということなのです。

自由であることの痛み

神がアダムとイブに与えた「罰」について、もういちど考えてみましょう(私は「罰」ということばをカッコでくくりました。なぜなら、それがほんとうに罰だったのかどうか確信がないからです。それは、動物ではない人間に必然的に生じる苦痛だと思うからです)。それらすべての罰は、人間が人間であるがゆえに、その一生が動物たちの一生よりも苦痛をともない、問題が複雑なのだということを表わしているのです。

セックスや生殖作用は、人間を除く動物にとってはごく自然な行為であり、なんの問題もありません。雌が発情し、雄がそれに興味を示し、そして種が存続していくのです。こんなに簡単なことはありません。人間に存在している性的な緊張感と比べてみてください。たとえば、自分には魅力がないので人に好かれないと気に病みつつ、男の子から声をかけられるのを待っている十代の女の子。失恋の痛手をうけて勉強に身が入らず、自殺しようと思いつめている大学生。また、中絶には反対なのだがほかに方法がないと悩んでいる未婚のキャリア・ウーマン。夫がほかの女性へと走ってしまい、病的なほど落ちこんでしまっている主婦。あるいは、強姦の被害者、ポルノ映画の観客、人目をしのぶ姦通者、自己嫌悪を感じながらも相手かまわずセックスする「性の活動家」。動物にとって性の問題は単純で明快ですが、人間にとっては大きな痛みをともなうものなのです(動物のように行動するなら別ですが)。それは、私たちが善と悪の世界に住んでいるからなのです。

しかし、そのような世界に住んでいるからこそ、私たちは、動物や、セックスを欲求解消の手段としか考えない人たちよりも、性的な関係に大きな意味を見いだすことができるのです。それは優しさであったり、愛情の交換であったり、お互いに対する責任であったりします。動物は番《つが》い、子を産むことができます。しかし、人間だけが、ときにはそれにともなう痛みも含めて、愛を知ることができるのです。

動物にとって、新しい生命を産み、その成長を見守るというのは、本能でしかありません。人間の両親よりも、肉体的苦痛も精神的な苦痛も少ないのです。わが家の犬が子を産んだとき、だれに習ったわけでもないのに、母犬はなにをすればいいのか心得ていました。犬にとっても出産は快いものではありませんが、人間の母親ほどには苦痛を感じないものです。母犬は子犬たちのめんどうをみましたが、子犬たちが大きくなって手がかからなくなると、無視しはじめました。今では、成犬となった自分の子供に出会っても、べつだん自分とかかわりの深いものを見るふうでもなく、別の犬を見るようにしか見ていません。

人間の親というのは、けっしてそんなに単純なものではありません。出産というのは、人間の体が体験するもっとも苦痛をともなうことのひとつですが、ある意味では、いちばん楽な部分です。育て、教育し、親としての価値観を伝え、人小さまざまな心の痛みを分かちあい、ときに失望させられ、いつ厳しくしていつ許すべきかを探る——これが親として悩み苦しむ部分なのです。動物と違い、そうしたことは本能だけではできません。私たちは困難な選択を強いられるのです。

同じことが食べることについても言えます。人間は食べるためには動物を自分で育てるか、食物を買うお金を働いて得るか、とにかくひたいに汗しなければなりません。

自然界は、肉食動物であれ草食動物であれ、動物に食べるものを備えています。獲物に忍びよって殺すため、ライオンは全力をつくさねばならないかもしれませんし、それはずいぶん骨の折れることかもしれませんが、それでも、職を失ったり、販売を成功させるためにどの事実は伏せておこうかと考えたりする人間の苦労とは比較になりません。動物は食べ物を探すときにも自分の本能に従っていればいいのです。人間だけが職業を選択し、職を失うまいと努力し、上司とうまくやっていこうと悩んだり考えたりするのです。人間だけが、仕事を継続させるためにこれをしていいのか、販売を成立させるためにあれをしていいのかと、法律面や倫理面から検討し、選択をせまられるのです。

くり返しますが、生活のほとんどの領域では、動物もけっして楽ではありませんが、しかし、少なくとも動物は道徳的にあれかこれかと悩むことはありません。そして、その部分こそ、人間にとって頭の痛い部分であり、心の痛む部分なのです。

そして最後の問題です。すべての生きものは死滅する運命にありますが、人間だけがそのことを知っています。動物は、自分の生命や平和が脅威にさらされたときに本能的に身構えますが、人間だけが、だれからも攻撃されていない時でさえ、死すべき運命にあることを思って死の影の谷に生きるのです。

自分はいつか死ぬのだというこの思いが、ある日、私たちの人生をさまざまな方向へと変えていきます。いつか死ぬということを知っているために、私たちは死を忘れようとして自らを元気づけます――子供をつくったり、本を書いたり、好意的に記憶にとどめてもらうために友人や隣人に自分を印象づけたりするのです。時間には限りがあることを認識しているからこそ、私たちの行為には価値が生じるのです。映画を観るかわりに本を読もうか、病気の友人を見舞おうかという選択は、すべてのことをする時間がないからこそ大切なのです。

善を選ぶ自由と悪を選ぶ自由

アダムとイブのうえに起こったのは、このことでした。彼らは人間になったのです。動物たちがいのちの木、つまり基本的生命と本能の源の木から実をとって食べていたエデンの園から、彼らは立ち去らねばなりませんでした。彼らは善と悪のある世界、もっと苦しく、もっと複雑で、むずかしい道徳的決断をせまられる世界に入っていったのです。食べたり働いたり、子供を産んだり育てたりということは、人間以下の動物のように簡単なことではなくなりました。この最初の人間たちは、いまや自己に目覚めたのです(禁断の実を食べたあとで、彼らは身をおおう必要を感じました)。彼らは自分たちが永遠に生きるものではないことも知りました。しかし、もっとも大切なことは、人生において、さまざまな選択と決断をしていかねばならなくなったことだったのです。

これが、「神のかたちに似せられた」人間ということの意味なのです。それは、本能の命じるままにことを行なうのではなく、選択の自由があるということです。選択には善い選択と悪い選択があることを知り、その違いを見極めることが人間に課せられた務めであると知ることとなのです。「わたしは命と死および祝福とのろいをあなたの前に置いた。あなたは命を選ばなければならない」(申命記第三〇章一九節)。これは、人間以外のどの生きものにも語られることのないことばです。なぜなら、人間以外の生きものには選択の自由がないからです。

ところで、もし人間がほんとうに選択の自由をもっているのなら、善を選ぶことで自分の高潔さを証明できるのなら、悪を選択する自由も与えられていなければならないはずです。ただ善だけを行なう自由があるのなら、ほんとうの意味では選択していないことになります。もし私たちが善いことをするように義務づけられているのなら、自由に選択しているとは言えないのです。

親が子供にこんなふうに話している場面を想像してみてください。「今日の午後はどうすごすの？　勉強するの、それともお友だちと遊ぶの？　自分で選んで決めなさい」。子供が親に答えます。「友だちと遊びたい」。すると親がこう言います。「だめ、それはまちがった選択よ、認めるわけにはいかないわ。宿題を終えてしまうまで表に出てはいけません。もういちど選び直してみなさい」。それで子供は、「わかったよ。宿題をやるよ」と答えます。すると親はほほえんで、「正しいほうを選んでくれてうれしいわ」と言うのです。なるほど宿題を先にすることは好ましいことかもしれませんが、これでは、この子供が自分で責任ある選択をしたとは言えません。

こんどは、神が人に向かってこんなふうに言っているところを想像してください。「支払いのお金をどうやってつくろうと考えているのですか？　仕事を探して、朝早くから一生懸命働くのですか、それとも、老婦人のハンドバッグをひったくって逃げるのですか？」。その男はこう答えます。「表に出ていって、サイフを盗んでやろうと考えていました」。神が言います。「いいえ、いけません。そんなことはさせません。もういちど考え直しなさい」。こんどは、その男もしぶしぶ仕事を探すことに同意します。強盗事件は未遂に終わりましたが、この人は道徳的に自由な人間として行動できたのでしょうか？　神は彼に、正しい道と悪い道を選ばせたのでしょうか？　それとも、選択の自由を奪って動物の位置まで彼を引き下げ、善い道を歩むように強制したのでしょうか？

私たちを自由な存在にするために、私たちを人間であらせるために、神は私たちに、善を行なうか悪を行なうかの選択の自由を与えねばなりません。もし私たちに悪を選ぶ自由がないとしたら、善を選ぶ自由もないことになります。そうなれば動物と同じで、私たちはただ、役に立つか立たないか、従順か不従順かというだけの存在になってしまいます。道徳的生きものではなくなり、人間ではなくなってしまうのです。

進化のプロセスのある時点で、神は善と悪を選択できる道徳的自由をもった新しい生きものを創りましたが、神がなぜそうしたのか、神の考えを知ることはだれにもできません。しかし、ともかく神はそうしたのです。そしてそれ以来、世界は人間の高貴さの現れと残酷さの現れによっていろどられてきました。

道徳的に自由であるということは、選択しだいで私たちは利己的で不正直になれるということであり、神はそれを止めないということです。もし、私たちが他人のものを盗もうとしても、神は手を伸ばして私たちの手を払いのけたりしないでしょう。他人を傷つけようとしたとしても、神は割って入って止めたりはしません。

神がすることといえば、私たちにそれは悪いことだと告げ、やってしまったら後悔するだろうと警告を与え、それでも私たちがその忠告に従わなかったときは、私たちが少なくともその失敗の経験からなにかを学ぶように望むことだけなのです。

神は人間の親とは違い、自分の子供がよちよち歩きをしているのを見たり、代数の宿題で困っているのを見たりして、「手を貸して助けてやれば、この子はつらい思いをしなくてすむ。でも、そんなことをしたら、いつまでたっても自分でやっていけなくなってしまう」と自問自答したりはしません。子供が危険なことをして大けがでもしそうな状況にあるときは、人間の親なら力ずくでもそれをやめさせることが可能です（また、その責任もあります）。しかし、神は自分自身に、私たちの自由――それには自分自身や周囲の人を傷つける自由も含まれます――を奪い去ってはならないという制限を課しているのです。神はすでに、人間を道徳的に自由な存在へと進化させており、進化の時計を後戻りさせることはできないのです。

苦難のとき神はどこにいるのか?

それでは、どうして正しい人に災いがおそうのでしょうか? その理由のひとつは、人間にはお互いに傷つけあう自由があるからであり、人間を人間たらしめるその自由を奪うことなく神は人間の行動を止めることができないからです。人間はお互いにだましあい、盗みあい、傷つけあうことができ、神にできることは、いつまでたってもどう行動すべきかわからない人間のことを、憐れみと同情の念で見つめることだけなのです。

このような考え方をすれば、アドルフ・ヒトラーの手によって何百万という罪のない人びとが殺された、あのホロコーストと呼ばれる信じがたい悪の出現についても理解できそうな気がします。「アウシュビッツに神はいたのか? あんなにたくさんの罪のない男や女や子供たちが、ナチに殺されていくのをなぜ許していたのだ?」という問いに対して、私は、それは神が引き起こしたことではないのだ、と答えましょう。自分の仲間に対して残酷であろうと選択した人間が引き起こしたのです。ドイツのキリスト教神学者であるドロテー・ゼレは、ホロコーストを神の意志であったとして正当化する議論について、つぎのように語っています。「いったい、だれがそんな神を望むのか。そんな神を礼拝して、なんになるというのだ。神は犠牲者の味方なのか、それとも処刑者たちの味方なのか」。

ホロコーストや、そのほかのどんな災難でも、それが神の意志であったと説明しようとすることは、犠牲者の側にではなく処刑者の側に立つことであり、神もそうしていると主張することにほかなりません。

ホロコーストが神の意志だったというのは、あまりにも馬鹿げた議論です。たとえ私が、ぽつりぽつりと生じる罪のない人の死を、信仰を曲げることなく受け入れられたとしても、ホロコーストではあまりに多くの人が死にました。「神はすべてを支配しておられ、人間にははかり知ることのできない理由をもっておられる」という見方に反する証拠が、あまりにも多く存在しています。ホロコーストは、少なくとも私の道徳と相容れないのと同じ程度に、神の道徳とも相容れないものだとしか考えられません。さもなければ、どうして神を道徳的な導き手とみなすことができるでしょうか？

なぜ、罪もない六〇〇万人のユダヤ人とそのほか数百万の罪もない人たちが、ヒトラーの死の収容所で死んでいったのでしょうか？　いったいだれに責任があるのでしょうか？ここで、人間は自由に選択することができるという考え方に戻っていくことになります。すでに明らかにしてきたように、人間は、行動をプログラムされていない唯一の生きものです。彼には善であることを選択する自由があります。それはとりもなおさず、悪であることも自由に選択できるということでなければならないはずです。

善良な人のなかには、どちらかといえばやや善良という程度の人がいます。困っている人を助けようとする心があり、病人を訪問し、近所の人がパンクしたタイヤを取り替えるのを手伝ってあげたりします。また、きわだって善良な人もいます。勤勉に研究をかさねて、病気を治す方法を見つけたり、無力で貧しい人たちの権利を拡大するために闘ったりします。悪を選ぶ邪悪な人のなかにも、どちらかといえば小さな部類に属する悪でしかない人がいます。嘘をつき、だまし、盗むぐらいが関の山という人です。そして、何百万という人を傷つけるだけの力をもった悪い人もいます。それだけの力をもった善い人なら、何百万もの人たちを助けることができるだろうというぐらいの悪です。

ヒトラーはまれにみる悪の天才だったのでしょう。破壊的であることを選びましたし、歴史上最大の破壊力をもっていました。そのことは、この本の主題とは直接には関係ありませんが、ひとつの問いを生じさせます。つまり、ヒトラーのような人間は破壊的であることを選んだといえるのだろうか、という疑問です。それとも、ヒトラーの両親、家庭環境、学校の教師、幼少時代の体験、そして歴史的状況にまでさかのぼり、それらが彼のような人間をつくったと考える必要があるのでしょうか？　これに対する明確な答えは、おそらく出ないと思います。社会科学者はこのことについて長い年月をかけて意見をたたかわせていますし、これからもそれは続くことでしょう。

ただ言えることは、私の宗教観のおおもとには、人間は自分の人生の方向を自由に選択できる生きものであるという信念があるということです。肉体的あるいは精神的障害のため、選択に限りがある子供は確かにいます。すべての子供がオペラ歌手や、外科医や、プロのスポーツ選手になれるというわけではありません。また、親が子供の育て方をひどく誤ることがあることも、なにかの事情――戦争とか病気――でずいぶん心を傷つけられ、本来ならできたかもしれないことをできなくなってしまった子供がいることも承知していますし、とても自由な人間だとは言えないほど悪習慣に縛られてしまっている人がいることも承知しているつもりです。しかし、それでも私は、どんな不幸な子供時代を過ごしたとしても、どんな習慣に悩まされていようとも、すべての成人は自分の人生を選んでいく自由をもっている、と主張します。

もし私たちが自由でなかったら、環境や体験に縛られているとしたら、本能に縛られている動物となんら変わりません。ヒトラーについて、またすべての犯罪者について、彼らは悪を選択したのではなく育てられた環境の犠牲者なのだと考えるなら、あらゆる道徳の問題や、なにが善でなにが悪かという議論は不可能になってしまいます。同じような状況で育ったほかの子供がヒトラーにならなかったのはなぜか、という問いに答えることができません。もっと悪いことは、「彼が悪いんじゃない、彼には選択する自由がなかったんだから」ということは、その人から人間性を奪うことになり、善悪を選択する自由をもたない獣の位置まで人間を引き下げてしまうことになるのです。

ホロコーストが起こったのは、発狂した悪の天才ヒトラーが、多くの人を傷つけることを選んだ結果なのです。しかし、彼ひとりが原因ではありません。彼はしょせんひとりの人間でしかありませんし、悪の能力にも限りがありました。ホロコーストが生じたのは、何千という人がヒトラーの狂気に加担させられてしまったからですし、数百万の人が恐怖と屈辱のうちに同調していったからでした。怒りや欲求不満を感じていた人びとが、その怒りや欲求不満を、扇動者に乗せられて罪のない人たちにぶつけたからなのです。ヒトラーが弁護士に正義への献身を忘れさせ、医師たちには誓約を破らせることができたから、ホロコーストが起こったのです。また、民主主義を標榜する諸外国の政府が、自分たちの利益に影響がおよぶ状況になるまで傍観し、国民を奮起させてヒトラーに抵抗しようとしなかった結果なのです。

こういう事態が生じている間、神はいったいどこにいたのでしょうか？　どうして神は、こんなことをやめさせるために干渉しなかったのでしょうか？　なぜ神は、ヒトラーを一九三九年の段階で殺してしまい、数百万の生命を救い、筆舌につくしがたい苦痛を未然に防がなかったのでしょうか？　なぜ神は、地震を起こしてガス室を壊してしまわなかったのでしょうか？　神はいったいどこにいたのでしょうか？

私も、ドロテー・ゼレと同じように信じないではいられません。神は殺人者の側にではなく、犠牲者と共にいたと。しかし、人間が善を選ぶか悪を選ぶかを、神はコントロールしないのだと。私は、犠牲者たちの涙や祈りが神の深い同情を呼び起こしたであろうことを信じます。それにもかかわらず、人間に選択の自由を与えた以上、たとえそれが隣人を傷つける選択であったとしても、神には防ぐことができなかったのだと。

苦悩する神

キリスト教は、創造し支配するという神の概念のほかに、苦悩する神という考え方をとり入れました。聖書期以後のユダヤ教も、おりにふれて、苦悩する神について、捕囚の民と共に家を追われる神について、神の子である人間がお互いに敵対していることを見て涙を流す神について語っています。神が苦悩するとはいったいどういうことなのか、私にはわかりません。私は、神が私のような一個の体をもつ存在であり、実際に目から涙を流し、神経があって痛みを感じるとは信じていません。

しかし、神の苦痛の感じ方と私たちの感じ方が違っているとしても、私は、罪のない人たちの苦しみを知ったときに私が感じる苦悩は、神の苦悩と神の同情を反映したものだと考えたいのです。私が憐れみや怒りを感じられるのは、源に神がおられるからだと考えたいのです。虐げられている人の側に立って傷つける者に対している時、神と私は同じ側に立っていると考えたいのです。

最後に、アウシュビッツから生き返った人のことばを引用して、この章を終えたいと思います。

私がアウシュビッツに収容されていた間、これは神のなせる業《わざ》なのか、それとも神がなんの業もしめさないことの現れなのかと人びとは問うていたが、私はそのような問いをただの一度も思い浮かべたことはなかった。……ナチの行なったことのために、私は神に近づいたわけでも遠ざかったわけでもない。私は、神に対する私の信仰がそれによっていささかもそこなわれることはなかったと考えている。私のおかれた残酷な状況を神とむすびつけて考え、救い出しにこなかったからといって神を非難したり、神に対する信仰を弱めたり、あるいは信仰をすてようなどとは思ってもみなかった。神にはその責任はないのだ。私たちこそ、私たちの人生について神に責任を負っているのだ。もしだれかが、神は人びとを助けるためになにもしなかったから、六〇〇万人の死は神に責任があると信じているとしたら、彼の考え方は転倒してしまっている。私たちは短い人生の日々、あるいは長い人生の日々を神に負うているのだ。私たちは神を礼拝し、神の命令に従うべきである。神に仕えるために、神の命令に従うために、私たちはこの地上に生きているのだ。

（リーヴ・ロバート・ブレンナー『ホロコーストを生き延びた者の信仰と疑問』）

6章

怒りをなににぶつけるか

言ってはならないことば

人生に傷ついた人にとってもっとも不幸なことは、追い討ちをかけるように自らを傷つけ、傷口を広げてしまう傾向があるということです。人から拒絶されたり、家族を失ったり、けがをしたり、運が悪かったりということだけではすまず、自分は悪い人間だからこんなことになったのだと考え、そのため、手をさしのべて助けようとしてくれる人を遠ざけることになってしまいます。苦痛と迷いのなかにある時、本能的にまちがったことをしてしまうことが、なんと多いことでしょう。自分のような人間はだれからも助けてもらえないと感じ、罪の意識、怒り、嫉妬、自らしょいこんだ孤独などによって、ただでさえ悪い状況をますます悪くしてしまうのです。

イランに伝わる教訓を読んだことがあります。「盲人を見かけたら、蹴とばしてやるがいい。神より親切にしなければならないなんてことはない」というものです。言い換えれば、苦しんでいる人を見たら、その人にはそんな目にあうだけの理由があり、神もその人が苦しむことを望んでいると思え、ということです。彼を遠ざけ、辱しめることで、神の側に立て、助けようなどとするのは神の義に逆らうことである、と。

大多数の人は、このような考えには、「それはひどい」と感じるのではないかと思います。私たちはふつう、そんなふうに考えるほど自分は無知ではないと考えます。ところが、私たちはほんとうにしばしば、傷つき悩んでいる人たちに向かって、不注意にも、それは当然の報いなのだ、と、直接的表現ではないにせよ言ってしまうことがあります。そうして、彼らの心の底に潜んでいる罪意識を増大させ、こうなったのは自分の生き方に問題があるからだという疑念を抱かせてしまいます。

聖書のなかのヨブの友人のことを憶えているでしょうか？　三人の友だちがヨブを訪れた時、彼らは心の底から、多くのものを失い病に苦しむヨブを慰めたいと願っていました。しかし、やることなすことほとんどみな裏目に出て、結果的にはヨブをますます嘆き悲しませることになってしまったのです。ヨブの三人の友だちの失敗を通して、人生に傷ついた人はなにを必要としているのか、また、友として隣人として、私たちはどうすればそのような人を助けてあげることができるのか、学ぶことができるかもしれません。

彼らの最初のまちがいは、ヨブが「なぜ、神は私をこんな目にあわせるのか？」と問うた時、ヨブが質問を発しているのだと思い、その質問に答えてやればヨブを助けることになる、と考えたところにあります。実際は、ヨブのことばは神学的な問いなどではまったくなく、悲痛の叫び声だったのです。ヨブのことばのあとに続くものは疑問符(?)ではなく、感嘆符(!)であるべきだったのです。

ヨブが友人たちに求めていたものは――「神はなぜ、私にこんな仕打ちをするのか?」と言ったときヨブがほんとうに求めていたものは――神学ではなく、思いやりの心だったのです。神についての説明などではありませんし、まして、自分の神学の欠陥を指摘されることでもありませんでした。ヨブは友人たちに、自分はほんとうに正しい人間で、ふりかかったこの災難は悲劇的であり、まったく公平を欠くものである、と言ってもらいたかったのです。

しかし、友人たちは神について話すことに熱中するあまり、ヨブのことなどほとんど眼中にないかのようでした。ヨブについて話したことといえば、義なる神によってこのような運命に定められてもしかたのないことをヨブがしでかしたにちがいない、と告げたことだけでした。

友人たちはヨブのような状況に陥ったことがありませんでしたから、ヨブを裁いたり、そんなに泣き不平を言うものではないと忠告したりすることが、どんなに心ない行為であり、ヨブを苦しめているかを認識できなかったのです。かりに、彼ら自身もヨブと同じような喪失の経験をしていたとしても、それでも、ヨブの嘆きを非難する権利はないのです。

悲しみにうちひしがれている人になんと言えばよいかというのはむずかしい問題ですが、なにを言ってはいけないかというのは少しは簡単なように思います。悲しんでいる人を非難するようなことはすべてまちがいです(「そんなに深刻になるなよ」とか「泣くのはおよしなさい、みんな困ってしまうじゃないの」)。悲しんでいる人の痛みを小さくしようとする試みはすべて、適切でないし、喜ばれもしません(「きっと、これでよかったのさ」「もっとひどいことになっていたかもしれないんだからね」「今のほうが、彼女にとっては幸せなのよ」)。悲しんでいる人に、自分の感情を否定したりごまかしたりすることを促すようなことも、まちがっています(「私たちには神に問う権利はありません」「神さまはあなたを愛しているからこそ、あなたを選んで、こんな重荷をお与えになったんだわ」)。

折り重なる不幸にみまわれてうちひしがれたヨブは、必死になって、自己の尊厳と、自分は悪くないのだという感覚にしがみつきました。おまえはまちがっている、という宣言は、ヨブがこの世でいちばん耳にしたくなかったことなのです。嘆き方についての非難であれ、こんな運命を担うにはそれなりの理由があったのだという非難であれ、いずれにしろそれは傷口に塩をすりこむことなのです。

ヨブは助言より同情を必要としていました。適切で正しい助言であったとしても同じことです。助言するにふさわしい時や場所は、もっとあとにやってくるものです。彼が必要としていたものは、苦しみを分かちもってくれる愛情だったのです。説得するように神の意志の神学的な説明をするのではなく、だれかが自分の痛みをわかってくれているのだという実感だったのです。身体的な慰め、力を分け与えてくれる友、責めないで抱きしめてくれる友が必要だったのです。

忍耐と敬虔の模範たれと勧める友よりも、怒り、泣き、叫ぶことを許してくれる友を必要としていたのです。「元気を出せよ、ヨブ。悪いことばかりじゃないんだから」と言うような人ではなく、「ああ、なんてひどいことだ、どう考えたらいいんだ」と言ってくれる人が必要だったのです。「ヨブを慰めようとした人たち」というのは、だれかを助けようとしながら、相手の必要や感情よりも自分たちの欲求や感情にとらわれてしまい、事態をますます悪くしてしまう人のことをいう、きまり文句になっています。

苦しむ人を助けるもの

しかし、ヨブの友人たちのしたことには、少なくとも二つだけ正しいことがありました。まず第一に、彼らは来た、ということです。友人がみじめな状態にいるのを見るということは、彼らにとっても胸の痛むことにちがいありませんし、それなら距離をおいて一人にしておいてやろう、という考えに傾きかけたこともあっただろうと思うのです。

友人が苦しんでいるのを見るのは、けっして楽しいことではありません。たいていの人は、そんなことは避けようとするでしょう。そういうわけで、そのような状況にいる友人にまったく近づかずにいるか(そうすると、苦しんでいる人は不幸にみまわれたうえに、孤独感と拒絶感を味わうことになります)、訪ねては行くけれど、なぜ訪ねてきたのかという理由にはふれないでおくか、どちらかになってしまうようです。病人へのお見舞いやお悔みの訪問では、話題が天候のことや、株式市場の話や、野球の話になってしまい、その場にいる人びとの頭の中にいちばん大切な問題としてあることをわざとらしく避けてしまうような雰囲気があります。ヨブの友人たちは、少なくともヨブと顔を合わせ、ヨブの悲しみを直視する勇気はもっていたのです。

第二に、彼らは耳を傾けました。聖書の記述によりますと、彼らは、ヨブが嘆きと怒りをぶちまけている数日の間、なにも言わずにヨブのそばに座っていました。私が考えるには、そのことがヨブにとってはいちばんの助けになったのではないかと思います。そのあとの彼らの言動は、ヨブにとってなんの助けにもなりませんでした。ヨブの感情のほとばしりが過ぎ去ったとき、神を擁護し、ありきたりの考えを正当化しようとするかわりに、彼らは、「きみの言うとおり、まったくひどい話だ。きみがどうやってこの状況を耐えていくのか、ぼくたちにはわからない」と言うべきだったのです。彼らが無言でそこにいたことのほうが、長ったらしい神学の説明より、ずっとヨブの助けになったはずです。ここに私たちが学ぶべき教訓があります。

亡くなった老婦人の息子たち

数年前、私はある経験を通して、こんなふうにして人は悪い状態にある自分を責めて、事態をますます悪化させていくのだということを教えられました。一月のことでしたが、私は二日続けて、二人の老婦人の葬儀を執り行ないました。二人とも、聖書のことばを借りれば、「日満ちて」死んでいった人たちです。長く充実した人生を生き、老衰で亡くなったのです。たまたま二人の家は近所どうしでしたので、私はある日の午後、二つの家庭にお悔みにいきました。

初めに訪問した家庭で、故人の息子さんがこう言いました。「こんな雪が多くて寒いところじゃなく、フロリダあたりに行かせてやってさえいれば、母はまだ生きていたと思います。母が死んだのは私の責任です」と。二番目の家では、故人の息子さんが、「フロリダに行けなんて勧めなかったら、母は死ななかったと思うんです。飛行機での長旅、それに急激な気候の変化は、母には無理だったのです。母の死は私の責任です」と言ったのです。

望みどおりにことが運ばなかった場合、別のやり方をしていればいい結果になっていたのに、と考えたくなるものです。聖職者ならよく知っていることですが、だれかが亡くなった時、残された人たちは罪の意識を感じるものです。自分のしたことが悪い結果を招いてしまった、反対のことをしていれば――母を家にとどめておけば、手術を受けていれば――こんなことにはならなかったにちがいない、と思い込むわけです。なにをどうしていたとしても、今よりはましな結果になっていたのではないか？　残された人は、愛していた人が死んでしまったというのに自分はまだ生きている、ということで罪悪識を感じるのです。ああ言ってあげればよかったのに言えなかった、こんなことをしてあげればよかったのに時間がなかった、と考えて、残された人は罪意識をもつのです。

だからこそ、すべての宗教の哀悼の典礼では、残された家族が理屈に合わない罪意識を、自分に責任のない悲しみに対して抱かないように配慮されています。ところが、この罪の意識、あるいは「私の責任だ」という感覚は、きわめて一般的なもののようです。

私たちがこのような罪意識を感じるのには、二つの要素が関係しているように思われます。第一に、世界は道理にかなっている、すべての現象には原因や理由があるのだと信じないではいられない私たちの傾向があげられます。そのような内なる要求のために、私たちはものごとにパターンや関連を見いだしていきます。そのなかには、ほんとうに存在するパターンや関連もあれば(喫煙は肺ガンの原因になる。手を洗う習慣のある人は伝染病にかかりにくい)、想像だけのものもあります(あのセーターを着ると決まってレッド・ソックスが勝つ。私の好きな彼は偶数の日ではなく奇数の日に話しかけてくる、ただし休日が間にはさまるとその限りではない)。広く信じられているものからまったく個人的なものまで、迷信の多くは、なにかをした直後に良いことが起こったとか、悪いことが起こったということだけにもとづいています。同じことをすれば、いつでも同じパターンで同じ結果が生じると思い込んでしまうのです。

第二の要素は、起こったことの原因は私にあるという考え方で、とくにその起こったことが悪いことである場合、そう考えがちになります。すべてのことには原因があるという信念と、すべての悪い出来事は私の責任だという思い込みは、ごく近い関係にあると思われます。こうした感情を抱いてしまう原因は、私たちの幼少のころの体験に起因するのではないでしょうか。心理学者たちは、幼児期に人が抱く全能という神話について語っています。赤ちゃんは、世界は自分の必要を満たすために存在していて、すべての出来事は自分が起こしていると考えるようになるというのです。朝、目をさました赤ちゃんは、まわりのすべての人に号令をかけ、仕事につかせます。赤ちゃんが泣くと、だれかが世話をしにやってきます。おなかが減るとだれかが食べさせてくれ、おむつが濡れるとだれかが取り替えるのです。なにかを望めばことが起こるという、幼児期の考え方から完全に抜け出せないことがずいぶんあるものです。頭のどこかで、あの人が病気になったのは私が彼を嫌っていたからだと、大人になってからでも思ってしまうのです。

実際のところ、両親によってこうした考え方を植えつけられることが多いのです。幼児期の自我がどんなに傷つきやすいかということを忘れて、疲れやいらだちを感じている親は、子供にまったく責任がないことでも当たりちらすことがあります。そんなところにいたら邪魔だとか、おもちゃを散らかしているとか、テレビの音が大きすぎるとかいって怒鳴るのです。

なにも知らない幼い心は、親は正しく自分は悪いと思い込んでしまいます。親の怒りは一瞬だけで過ぎてしまうかもしれませんが、子供の心の傷はいつまでも残り、なにかよくないことが起こるたびに、自分に責任があると考えるようになるのです。何年もあとになって、なにか悪いことが自分自身や自分の身近なところで起こった時、子供のころの感情がよみがえってきて、またまちがいをやってしまったと、本能的に思い込んでしまうのです。

ヨブでさえ、自分に起こった悲劇がたんなるまちがいであると認めるよりは、自分の罪の証拠をあげてくれと神に望んだのです。自分はこのような運命にふさわしいということを示してもらえたなら、少なくとも、この世界は理屈にかなったものであり続けます。なにか悪いことをしたために苦しむのは、けっしてありがたいことではありませんが、それでも、なんの理由もなくものごとが起こるでたらめな世界に生きていると考えるよりは、まだしも耐えられるわけです。

当然のことですが、ときには罪の意識というのは適切だし、必要でもあります。人生の悲しみには自分自身が原因しているものもあるのですから、その場合は、自ら責任をもって引き受けねばなりません。ある日、私の執務室に男の人が訪ねてきて、妻と子供たちを捨てて自分の秘書だった女性と結婚したいきさつを話しました。そして、子供たちに対する罪責感をなんとか克服できるように助けてほしいと頼むのです。そんなことを私に要求するのは筋ちがいというものです。彼は罪の意識を感じるべきなのです。後ろめたさをぬぐい去ろうとするのではなく、捨てた妻や子供たちに対するつぐないのことを考えるべきなのです。

自分はこのままではいけない、この点が欠けているといった感覚、つまり、自分はもっと素晴らしい人間になれるはずだという認識は、倫理感を向上させ、社会を改善する活力となっています。適切な罪意識は、人びとをより良い方向にむかわせるものです。しかし、度をすぎた罪意識、明らかに自分の責任ではないのに自分を責めようとする傾向は、私たちから自尊心を奪い去り、おそらく成長と行動に支障をきたすことでしょう。

息子と老人ホームの母

ボブにとって、これまでにしたことのうちでもっともつらかったことは、七十八歳になる母親を老人ホームに入れたことでした。どうすべきか迷ってしまう、微妙なケースでした。というのは、彼の母親はだいたいにおいては健康で、医療看護を必要としていませんでしたが、食事や身のまわりの世話は自分ひとりではできないという状態だったからです。ボブの母親は調理台の火を消し忘れて、アパートを火事にしてしまいました。それで、ボブと彼の奥さんは、母親を自分たちの家に引き取りました。六か月前のことです。彼女は孤独で、気が沈みがちで、混乱していました。ボブの妻は、昼食時には職場から帰って義理の母に昼食を食べさせ、子供たちが学校から帰ってくるまでテレビの前に座らせておくようにしなければなりませんでした。ボブたち夫妻が出かける日には、遊びざかりの娘が友だちとつきあう時間をさいて、おばあちゃんの〝子守り〟をすることになります。子供たちは、「小さい家だし、さわがしくなりすぎるから」というので、友だちを遊びにつれてこないように言われました。

数週間たつと、このようなかたちでいっしょに暮らすのは無理だということがはっきりしてきました。家族はお互いにイライラし、おこりっぽくなりました。家族のそれぞれが、自分はどれほどの「犠牲」を払っているか、心の中で数えるようになっていました。ボブは自分の母親を大切に思っていましたし、子供たちもおばあちゃんが大好きでしたが、自分たちにできる以上のことが彼女には必要なのだ、ということがわかりました。時間や生活を犠牲にしてまで、年老いた病気の婦人の世話をする覚悟がなかったのです。ある夜、彼らは話し合い、それからいくつか問合せをし、不承不承ではあるけれどはっきりそれとわかる解放感を味わいながら、彼女を近くの老人ホームに入れてしまったのです。

ボブは、これでよかったのだと理屈ではわかっていたのですが、気持ちのほうでは割り切れないものを感じていました。彼の母は行きたくないと言っていたのです。あれをしてくれ、これをしてくれと言わないようにするし、みんなのじゃまにならないようにするから、とも言いました。自分より年老いて体の不自由な老人ホームの住人たちを見た時、自分もすぐにこんなになってしまうのだという不安にかられ、ボブの母親は泣いてしまったのでした。

その週末、ふだん自分では宗教的な人間ではないと思っていたボブですが、母を訪問する前に礼拝に出ていこうと考えました。その日の訪問に対して、心の中になにかはっきりしないものを感じていたのです。母は自分になんと言うだろうか、なにか予期しないものを見てしまうのではないだろうかと恐れたボブは、礼拝に出席することで心を落ち着かせ、安らぎを得ようと望んだのです。

運悪く、その日の朝の説教は十戒のうちの第五戒、「汝の父と母を敬え」という個所でした。説教者は、子供を育てるために親が大きな犠牲を払っているのに親の犠牲に対して感謝をする気持ちが子供の側に少ないことを話しました。今日の若者たちの自己中心的な生き方を批判して、説教者はつぎのように語りました。「一人の母親に六人の子供の世話ができるというのに、どうして六人の子供で一人の母親の世話ができないのだろうか？」と。ボブの周囲に座っていた人はすべて年輩の人たちでしたが、みなそのことばにしきりにうなずいていました。

ボブは心に痛みと怒りを感じながらその場を去っていきました。彼は、神の名において、自分が自己中心的で思いやりのない人間だと指摘されたように感じたのです。昼食のとき、彼は妻や子供たちに当たり散らしました。また、老人ホームでは、母親に対して怒りっぽくなり、満足に会話すらできませんでした。彼は自分が母に対して行なったことを恥じていたのです。また、そのように非難され、当惑してしまう原因となった母親に対しても、怒りを抱いたのです。その日の訪問はみんなの心に言いようのない暗い影を残し、これから先こんなことでやっていけるのだろうかと、だれもが不安に思うようになりました。ボブは、母親はもう長くは生きないだろう、そうなってしまうと、身勝手さのために母親の最後の日々をみじめなものにしてしまった自分をけっして許すことができないだろう、という思いにとりつかれてしまいました。

母親を家に置いておいたとしても、老人ホームに入れたとしても、ボブにとって困難なことであったにちがいありません。罪の意識、母親への愛情と憎しみの入り混じった気持ちが、初めからボブの心の内にはありました。年老いた両親の無力感、子に対するすがりつくような哀願、それに応えるには力不足だという子供の側の気持ち、胸の中に秘められた恨み、そして罪の意識といったものは、どんな親と子の間にもあるものです。どんなに整った条件のもとにあろうとも、簡単に解決できる問題ではないのです。

親たちは不安を感じ、傷つきやすくなっていることが多いですし、情緒的に未熟なこともままあります。自分の病気や孤独を盾にとったり、子供のもっている後ろめたさにはたらきかけて、子供の注意をなんとしても自分に向けようとすることもないとは言えません。子供たちの幸せのために自分を犠牲にしてきたと言いたてて、一生かかってもつぐないきれないほどの負い目を子供に与えるユダヤ人の母というのが、文学作品やユーモアの中に、おきまりの母親像として登場するほどです。（いったいどれくらいのユダヤ人の母が、電球を取り替えるでしょうか？　答えはゼロ。「わたしのことは心配しないで、行って楽しんでいらっしゃい。わたしはこのまま、真っ暗ななかに座っていてだいじょうぶですから」)。しかし、ボブの場合は、宗教上の語りかけを自分への非難と受けとったため、ますます悪い状況に陥ってしまいました。

父母を大切にすべきだという説教はあってしかるべきですが、罪の意識に陥りやすい人びとをもてあそばないように注意が払われるべきです。

その朝、ボブがもっと明確にものごとを考えられる状態であったなら、彼はおそらく説教者に対して、六人の子供たちはたぶん一人の母のめんどうを見ることができないだろう、なぜなら、それぞれに妻や子供たちがいるのだから、と話すことができていたかもしれません。また、自分は母を愛しているけれども、自分はなににもまして妻と子供たちの幸せのために責任を負っているのだ、私がまだ幼かった時、母もまた、その両親を愛してはいたけれど、私のことをそれ以上に気にかけてくれていたのと同じである、と説明できていたことでしょう。ボブが自分の行なったことの正当性に対してもっと自信をもっていたなら、非難に対して反論をしたにちがいありません。しかし、多少の罪意識を抱いて礼拝に行ったため、礼拝で語られたことばが、自分は自己中心的で悪い人間ではないのだろうかという彼の不安を確かなものにしてしまったようです。

私たちの自我は傷つきやすく、それでなくても自分はだめな人間だと感じやすいわけですから、そのような傾向にはたらきかけて人をあやつるようなものは宗教の名に値しません。宗教の目的というのは、人がときに痛みをともなう選択をしたとしても、それが誠実で理にかなうものであるかぎり、その人が解放感や心地よさを味わえるように手助けするところにあるのです。

子供の心

大人よりも子供のほうが、自分が世界の中心だという見方をする傾向が強く、なにかが起こるのは自分たちのしたことが原因だと思い込むようです。親が亡くなったようなとき、子供には、親が死んだのはその子の責任ではないと、しっかり教えてやる必要があります。

「お父さんが死んだのは、あなたがお父さんに腹を立てたからじゃないのよ。お父さんが死んだのは事故にあったからで(あるいは重い病気だったからで)、お医者さんも治すことができなかったからなの。そりゃあ、ときどきはお父さんに腹を立てたりもしたけど、あなたはお父さんのこと大好きだったわよね。だれでも、愛している人に対して怒りを抱くこともあるの。でも、だからといって愛していないことにはならないし、その人になにかよくないことが起これればいいって願ったことにもならないのよ」。

子供たちは、死んだ親が子供である自分のことを拒否したり、捨て去ったのではないということを、保証してもらう必要があります。「お父さんは遠くに行っちゃって、もう帰ってこないのよ」というような説明は、子供たちに、自分は拒絶されたとか捨てられたという考えを抱かせてしまうことがあります。見識豊かな大人で優れた詩人である、聖書の詩篇第二七篇の作者でさえ、自分の両親の死について、「たとい父母《ちちはは》がわたしを捨てても」ということばで表現しています。彼は親の死に際して感情を高ぶらせており、親は病気で死んだとは見られず、自分を捨てたのだ、としか見られなくなっているのです。

ですから子供には、お父さんは生きていたかったし、病院から帰ってきて、いつものようにあなたといっしょに話したり遊んだりしたかったのだけれど、病気(あるいは事故)がひどくてそうすることができなかったのだ、ということを話してあげるのがいいと思います。

子供を悲しませまいとして、天国がどんなに美しい所で、神さまといっしょにいられてお父さんはどんなに幸せか、といったことを子供に話すことがありますが、それもまた、子供から嘆き悲しむ機会を奪い去ってしまうことになります。子供に、自然な感情を押し殺し、それを信じないように要求していることになります。まわりのみんなが悲しんでいて、その子もほんとうに悲しみたいと思っている時に、喜んでいなさいと言っていることなのです。

取り乱したり怒りを感じたりする権利、そしてそのような状況に対して（神や亡くなった親に対してではなく）怒りを感じることの適切さは、正当に認められるべきものなのです。

兄弟であれ友人であれ、あるいは新聞などで報道された知らない人物であれ、自分と同じ年ごろの子供の死は、子供の世界にも壊れやすい面があることに気づかせます。生まれて初めて、なんだか恐ろしくて苦しい出来事が、自分と同じ年ごろの人間のうえにも起こるということを認識するのです。私が今の任地に派遣されてまだ一年にもたらないころでした。日帰りのキャンプに出かけた五歳になる男の子が、キャンプからの帰り、送迎バスに轢かれて死ぬという事故が起こり、私がそのことを子供の両親に伝えるように頼まれました。悲しみにくずれそうになる両親を力づけることに加えて（それから、私自身の感情に対処することにも加えて。というのは、私はその子やその子の家族が好きでしたし、そのの少し前に、自分の息子もまた若くして死んでしまうということを告げられていたからです）、私は自分の息子や近所の子供たちに、どうしてこのようなことが幼い子供に起こるのかを説明しなければなりませんでした。

（事故のあった翌晩、私がその子の両親の所へ出かけようとしている時、当時五歳だった息子のアーロンは、どこに行くのかと私にたずねました。彼とほとんど同じ年ごろの子供が車に轢き殺されたのだとは告げることができず、子供が事故にあってけがをしたのでようすを見にいくとだけ言って、ゆっくり話さないで私は急いで家を出たのです。翌朝の七時、アーロンが最初に言ったのは、「あの子、だいじょうぶなの？」ということでした。）

死んだ子供の近所の遊び友だちや保育所の遊び友だちに対する私の説明は、二つの部分からなっていました。はじめに、私は、ジョナサンのようなことは非常にまれな事故であることを話しました。だからこそみんな事故のことを話しているのだし、ラジオや地方紙の一面で報道されたのですと。今度のような事故はほんとうにまれにしか起こらないので、起こってしまうと大きなニュースになるのです。ほとんどすべての場合、子供たちはバスから下車し、安全に道路を横切りますし、ころんでけがをした子供たちも、しばらくすると治るものなのです。子供が病気になったとしても、まずまちがいなくお医者さんが治してくれるのです。でも、ときに、ほんとうにまれにですが、傷ついたり病気にかかったりした子供をだれも良くしてあげることができなくて、死んでしまうことがあります。そのようなことが起こった場合、みんな驚き、とても悲しむのです。

第二に私が子供たちに話したことは、ジョナサンが死んでしまった理由を、悪い子だったから神さまが罰を与えたというふうには考えないでほしい、ということでした。ジョナサンはきのうバスに轢かれて死んでしまったわけだけれど、その前にジョナサンがいじわるをしていたのを覚えている人がいたとしても、いたずらをすると自分にもなにかよくないことが起こるというわけではないということです。ジョナサンは悪い子だったから、ふさわしい罰としてバスに轢かれたのではないのです。彼はもっと生きて、遊んで、楽しい日々を過ごすようにと生命を与えられていたのですが、恐ろしい理不尽な事故が起こってしまったのです。

自分も同じような目にあうかもしれないと考え、手足を失った人や身体障害者を見てどぎまぎしたり、盲人や義足義手の人に尻込みする子供にも、さきほどのような説明が必要だと思います。すなわち、どうして彼らがそのようになったのかわかりません、事故にあったのかもしれませんし、ひどい病気にかかったのかもしれません、軍人として国を守るために戦い、傷ついたのかもしれません。確かなことは、彼が悪い人だから神が罰を与えたというわけではない、ということです。(おとぎ話では、身体に障害をもつ人物が、ピーターパンの敵であるキャプテン・フックなどのように、子供を怖がらせる悪者として描かれることがあります。)

子供たちが目にするそうした人たちの、あるいは子供たち自身の、体の傷ついた部分にではなく、残り九五パーセントの正常な部分に目をとめさせるように、私たちは努力することができます。ときには、身体障害者や目の不自由な人と、義足や目の見えないことについて率直に話し合うことで、子供たちの抱いている不安や奇異の気持ちを取り払うことができます。(ただし、いつでもそうできるというわけではありません。そうした障害をもつ人たちは見られたり、自分の障害について話したりすることに苦痛を感じることもあるからです。彼ら自身の心の安定のために、ふつうの人とまったく同じように扱われることが必要な場合もあるわけです。)

子供たちはことのほか罪意識を感じやすいのですが、大人たちの多くも、そうした子供時代の傾向から完全に脱却してはいないものです。そのため、よかれと思って語られた慰めのことばが、起こってしまった悪い出来事は自分の責任だという誤った罪の意識を助長するのです。

離婚された妻

五年間連れそった夫から別れてくれと言われた時、ベバリーは悲しみにうちひしがれてしまいました。彼らには子供はありませんでした。ベバリーが仕事をやめたのでは暮らしていけないと、夫が考えていたからです。五年の間には口げんかをすることもありましたが、ベバリーは、自分たちの結婚生活は友人たちのそれと比べて、それほど良いというわけでもないし悪いというわけでもないと考えていました。

ところが、ある土曜日の朝、離婚すると告げられたのです。夫は、ベバリーには飽きた、外で会っている女性のほうがつきあっていて楽しい、そんな状況なのにこうして「二人で身動きがとれず」にいるのはお互いのためによくない、というのです。それだけ言うと一時間後、彼は自分の衣類をカバンにつめて、友人のアパートに行ってしまいました。呆然となったベバリーは、両親のもとへ車を走らせ、彼らに報告しました。両親はベバリーと共に涙を流し、慰め、彼女の夫に対する憎しみを語り、そして弁護士、家の鍵、銀行預金などについて実際的なアドバイスを与えました。

その日の夕食ののち、優しくて思いやりの深いベバリーの母親は、娘をかたわらに呼んで話しあおうとしました。ベバリーの力になろうとして、母親は娘夫婦の性生活、経済状況、生活態度などについて質問をし、なんとかして娘の問題の原因をつきとめようとしたのです。突如、ベバリーはコーヒーカップを取り落とし、声をあげました。「もうやめて！「おまえがこうしたからじゃないか」「おまえがああしなかったんじゃないか」って、もうたくさん。まるで、みんなわたしが悪いみたい。わたしがもっと良い妻であろうと努力していたら、彼は出ていかなかったって言いたいみたいだけれど、そんなの公平じゃない。わたしは良い妻だったわ。こんな仕打ちをうける覚えなんてないわよ。わたしの責任じゃない！」。

母親が娘のことを思い、慰めようと努力したのはわかりますが、ベバリーの怒りはもっともです。離婚とか死とか、あるいはそのほかの理由でうちひしがれている人に対して、「もし、あなたが違った行動をとっていたら、事はこんなに悪くはなっていなかったでしょう」などというのは大きなお世話だし、残酷ですらあります。そのような言い方が実際に意味しているのは、「こんなことになったのは、そんなふうにしたあなたが悪いのだ」ということです。

一方だけに責任があるというのではなく、双方が精神的に成長しきっていなかったり、お互いに非現実的なことを結婚に求めていたりしても、結婚は破局を迎えることがあります。家族が医者の選択を誤ったとか、病院に連れていくのが遅くなったとかいうことでなくとも、不治の病のために人は死ぬことがあります。だれか一人の責任者が大事な局面で誤った意思決定をしたからというわけではなくても、経済状況や強い競争相手のために事業が立ちゆかなくなることがあるのです。

人生の問題を片づけながら生き続けたいと思うのなら、すべての不幸は自分の責任だという理屈に合わない感情、つまり、自分の失敗や悪い行いがすべてを招いたという思いを克服しなければなりません。自分ですべてを引き起こすほどの力は、私たちにはないのです。世界で起こるすべての出来事が、私たちのしたことによって生じるわけではないのです。

母に死なれた少年

数年前、私は、夫と十五歳の男の子を残して白血病で亡くなった、三十八歳の女性の葬式の司式をしたことがあります。埋葬がすみ、その家族の家に入った私の耳に、少年の伯母にあたる人が少年に話していることばが飛び込んできました。「バリー、悲しむんじゃありませんよ。神さまは今、あなた以上にお母さんのことを必要としていらっしゃって、それでお母さんを連れていってしまわれたのですからね」。好意的に解釈すれば、なるほど彼女は、バリーの気持ちを楽にしてやろうとしてそう言ったのだと思います。恐ろしく悲しい出来事に、なんとか理屈をつけようと努めていたのです。しかし、彼女はこの短いことばのなかで、少なくとも三つの誤りを犯していると私は思います。

なんといってもその第一のまちがいは、バリーに悲しむなと言ったことです。母親の葬式の日に悲しんではいけないというのは、いったいどういうことなのでしょうか？　痛み、怒り、喪失感などの正直な感情をなぜ抱いてはいけないのでしょうか？　正直で正当な感情を押し殺してまで、その日つどったほかの人の機嫌をとる必要があるのでしょうか？

第二には、少年の母親は神が「連れていってしまわれた」と説明していることです。私はそんなことは信じません。そんな考えは私の理解する神とは一致しませんし、宗教の果たすべき慰めという役割をせばめ、バリーに神への怒りを抱かせるだけです。

しかし、三つのなかでもっともゆゆしきまちがいは、「神さまは今、あなた以上にお母さんのことを必要としていらっしゃるから」、神がバリーのお母さんを連れていってしまったのだ、と指摘していることです。

彼女がなにを言いたかったのかわかるような気がします。彼女が言いたかったことは、妹の死は無意味なことではなく、神の大きな計画の一部を担う目的にかなったものだったのだ、ということです。しかし、バリーはそのようには受けとらなかったのではないかと思います。「あなたのお母さんが死んだのは、あなたがいけないからです。あなたがお母さんのことを十分に必要としていなかったからです。もし、あなたがもっともっとお母さんを必要としていたら、彼女は今もまだ生きていたことでしょう」。これがバリーの理解したことなのです。

両親を愛し必要としながらも、親の庇護を必要としていることにがまんがならず、いつの日かひとりの独立した人間として存在したいという願いをもって、たどたどしい第一歩を踏み出したあなたの十五歳のころがどんなものだったか、思い出すことができるでしょうか？　もし、バリーが典型的な十五歳の少年だったら、彼は両親の家に住み、親が買い料理してくれた食事を食べ、親が買ってくれた服を身につけ、出かけるときには親に頼んで車で連れていってもらわねばなりません。そして、いつか親を必要としないで自分の思いのままにできる日を夢見ているのです。ところが突然、母親が死んでしまった。そして、伯母さんから「あなたがお母さんのことを十分に必要としていなかったから、お母さんは死んだのだ」と説明されたのです。そんなことを母親の葬式の日に聞かされるいわれはありません。

バリーにとって私は、突然に母親を連れ去ってしまった非情な神の代理人でした。そんな私に対する怒りを取り除いたり、罪や恥の意識に触れられることを恐れてこの苦痛のともなう話を避けようとするバリーの態度をほぐすために、私は何時間もかけねばなりませんでした。私は、お母さんが死んだのはきみのせいじゃない、と説得せねばなりませんでした。母親に対して腹を立てたとか、無視したとか、イライラしたとか、自分の生活に口出しをしないでほしいと願ったとか、そういうことでお母さんが死んだのではないのだと。彼女が死んだのは白血病だったからです。私は彼に、どうしてお母さんが白血病にかかったのかは知らない、お母さん以外のだれでも、どうしてそんな病気になるのか知らない、と話しました。しかし、お母さんの死はけっして神の意志ではなく、バリーを罰そうとかお母さんを罰そうとかした結果でもないことを私は強く信じている、とも話しました。

私は、宗教を信じている人なら人生に傷ついた人に対してこう言うべきだと感じていることを、バリーに話しました。「これはきみのせいじゃない。きみは正しく立派な人間だ。それなのにこんなことが起こるなんて。今度のことできみが傷つき、混乱し、怒りを感じていることはわかる。でも、罪の意識にとらわれることはないんだよ。神を信じる者のひとりとして私がここに来たのは、神の名においてきみを裁くためではなく、きみの力になろうと思ってのことなんだ。どうだろう、私にきみの手助けをさせてくれないかい？」。

怒りをだれにぶつけるか

善良な人びとが不幸にみまわれると、決まって、もし違った行動をとっていればこの不幸は避けられたかもしれない、という気持ちにとらわれるようです。そして、そういう人は、ほとんど必ずといっていいほど怒りを感じます。痛みを覚えたときに怒りを感じるというのは、どうも本能的な反応のようです。爪先を椅子にぶつけると、そこにその椅子があったことに怒り、そして不注意だった自分自身に怒るのです。このように苦痛を感じ、怒りを覚える時、大切なことは、その怒りをいったいどうするか、ということです。

学校で進学指導にあたっていたリンダが、ある日の午後帰宅してみると、アパートが泥棒に荒らされていました。テレビやテープデッキが盗まれ、祖母からもらった大切な宝石も見当たりませんでした。衣類が部屋中にまき散らされており、タンスの引出しの中の肌着類は床にほうり出され、足の踏み場もありません。持ち物を盗まれたことよりも、だれかに自分のプライバシーを侵されたことで傷つけられ、リンダは取り乱してしまいました。

あたかも身を汚されたような感じがして、くずれ落ちるように座り込んだ彼女は、この理不尽さに声をあげて泣いてしまいました。さまざまな感情が彼女をおそいました。なぜだかわからないけれど傷つき、恥も感じました。アパートの戸締りを怠った自分自身に腹を立てました。自分を家から遠ざけて泥棒に押し入られるチャンスをつくってしまったうえに、この侮辱的仕打ちに対処するだけの精神的ゆとりもなくなるほど神経を疲れさせた自分の仕事に対しても怒りを感じました。アパートの管理人や近くの警察署の警察官に対して、財産を守ってくれなかったことに怒りを感じました。こんなに多くの犯罪者や麻薬常習者たちの存在を許している市当局に対して腹を立て、不公平なこの世界そのものに対して怒りを覚えました。

彼女は深く傷つき、自分でも混乱の極みにあることがわかりましたが、その怒りをどこにぶつければよいのか、頭の中がこんがらがってわからなくなってしまいました。

私たちは悲劇の原因となった人に対し、直接、怒りを向けることもあります。自分をクビにした上司、家族を残して出ていってしまった妻、交通事故を起こした運転手などです。またある時には、怒りが大きすぎて自分では処理できないため、その人に罪があろうがなかろうが、だれかれなしに怒りの対象を見つけ出し、あの人がこうしていればこの不幸は未然に防げたのに、と思い込もうとすることもあります。十年前に妻や子供を亡くしたという人びとに、その死について語ってもらったことがありますが、話しているうちに、いのちを救うことができなかった医師や誤診をした医師に対する怒りが、十年前と同じように、彼らの内にふつふつとわきあがってくるのでした。

最悪の例は、子供の死後、妻と夫がお互いに非難しあっているようなケースです。「どうしてもっと気をつけてあの子のことを見ていなかったんだ」。「どうして家にいてくれなかったの、あのとき家にいてくれたら、私ひとりで家のことをなにもかもしなくてすんだのに」。「きみがもっとしっかりあの子に食べさせていたら……」。「あんな馬鹿みたいな魚釣りに連れていって、冷え切ってしまったから……」。「わたしの家系はみんな健康なんだ。きっときみの家系に病気になりやすい体質があるんだろう」。このように、愛しあっているカップルがひどく傷つけあってしまいます。なぜなら、彼らは傷つき、怒り、その怒りをいちばん身近な人のところへ向けるからです。

それよりはいくらかましですが、仕事を失った男が自分の怒りを妻に向けるという、似たようなケースもあります。妻のせいで生じる家庭内のごたごたのために仕事に精神を集中できなかったとか、妻が自分のやる気をそいだとか、上司や大切なお客を上手にもてなさなかった、などというわけです。

怒りをぶつける相手が見つからない場合、その怒りが自分自身に向けられることもあります。教科書的な定義によれば、抑鬱状態とは、外に発散させないで内に向けられた怒りのことです。だれでも、死別や離婚、拒絶や失業のあとで、抑鬱状態になってしまった人を知っているのではないかと思います。家のなかにとじこもり、昼ごろまで起きてこず、身だしなみをかえりみず、そして友だちの友情を拒絶するのです。これが抑鬱状態、苦しみや悲しみによる怒りが自分自身のうえに向けられたものなのです。自分を責めるということは、自分自身を傷つけようとすることであり、自分自身を処罰しようとすることなのです。

神に対して怒る

怒りが神に向けられることもあります。どうしてかと言いますと、私たちはすべてのことは神の意志によるのだと教えられて大きくなってきたので、起こったことに対して神は責任がある、少なくとも起こるのを止めなかったことの責任はあると考えるわけです。信仰をもっていた人がその信仰を捨ててしまうことがありますが、それはおそらく、祈りや儀式と自分の気持ちの間に隔たりを感じてしまうからだったり(「こんなことになったのに、なにをどう神に感謝しろというのか？」)、あるいは〝神への仕返し〟だったりするのでしょう。ときには、神を信じていなかった人が、悲劇に出会ったために、怒りと反逆の姿勢で神を信じるようになるものです。「私が味わったつらい体験のことを考えると、私には責め、呪い、怒りの叫びをぶつける対象が必要だ。だから神を信じてやるのだ」と私に話した男性がいました。

ハイム・ポトクは『約束』という小説のなかで、父親に対する怒りを処理することができなくて精神病になっていく少年の話を書いています。マイケル・ゴードンはこのうえもなく父親を敬い愛していたので、自分がしばしば父親に反抗し、怒りを感じているという事実を認めることができませんでした。ダニー・ソーンダースという精神科医はマイケルの力になることができるのですが、それは彼自身も、強く誉れ高い支配的な自分の父親に対して、愛と憎しみと賞賛と怒りの入り混じった感情を抱いていたことがあり、それを上手に克服した体験があったからです。

『約束』には魅力的な脇役として、ダニーの親友(この本の語り手)が通っている神学校の教師、カルマンというラビが出てきます。このラビ・カルマンはホロコーストの生き残りで、妻と子供たちを収容所で失っています。彼はコチコチのユダヤ教正統派で、神を疑ったり、神はなぜこんなことをこんなかたちで行なうのかなどと質問することすら罪であると考えています。一点の疑いもなく、全身全霊で信じなければならないという考えなのです。

ポトクははっきりとは言っていませんが、このラビ・カルマンの性格は、ダニーとマイケルの二人と対をなすように設定されていると私は考えています。マイケルは父親に対する怒りをうまく処理できずに病気になりますが、まったく同じようにラビ・カルマンも、天の父なる神への怒りに正面から取り組むことができず、暴君的で冷たい人間になっていくのです。ラビ・カルマンは疑うことも問うことも自らに許しません。それは、心のどこかで、家族の死について神に狂わんばかりの怒りを感じている自分に気づいているからなのです。ひとたび疑うことをすれば、それが神への怒りの爆発に終わるだろうということ、ひいては神と信仰のすべてを否定することになるかもしれない、ということを知っているからなのです。彼にはそんな危険を冒すことはできません。ラビ・カルマンは、怒りを爆発させてしまうと、それがあまりにも強くて、神を破壊してしまうのではないかと恐れているのでしょうか？　それとも、自分の怒りをあらわにしてしまうと、神がもっと大きな罰を与えるのではないかと恐れているのでしょうか？

小説のなかで、マイケルは、自分の怒りを恐れないように教えられ、完成された人間となります。彼の怒りは正常で、理解できるものであり、彼自身が思っていたほど破壊的でもありませんでした。彼は、愛している人に対して怒りをもってもかまわないのだと教えられ、大いに救われる思いがするのですが、ラビ・カルマンは、神に怒ってもかまわないのだということを、だれからも教えてもらったことがなかったのです。

まったくの話、神に対して怒ったとしても、神を傷つけることにはなりませんし、神が怒って私たちを敵視するということもありません。苦しい状況のなかにあって、怒りを神に向けることで気持ちが楽になるのなら、私たちはそうしてよいのです。直面している苦しい状況を神のせいにするのでさえなければ。

状況に対して怒る

それでは、傷つき苦しんでいる時、私たちは自分の怒りをいったいどのようにすればよいのでしょうか？　理想的には（もし可能ならばですが）、怒りを自分に向けたり、悲劇を止められたのに止めてくれなかった人に向けたり、身近にいて手をさしのべてくれる人たちに向けたり、あるいはそのような状況が起こることを許した神に向けるのではなく、状況そのものに怒ることです。

自分自身に怒るなら、抑鬱状態になってしまいます。ほかの人に対して怒るなら、その人は恐れて遠ざかり、あなたを助けようにも助けられないことになってしまいます。神に対して怒ることは、神と私たちの間に、つまり、そのような苦しい状況にいる時に助けとなる支えや安らぎの源と私たちの間に、隔たりをもうけてしまいます。

ところが、状況そのものに怒ること、つまり、これは不快きわまりない、不公平な、そしてまったく身におぼえのない悲惨な状況であると認識し、大声で叫び、公然と非難し、泣きわめくことは、それ自体苦痛の一部である怒りを発散させることにつながり、人びとからの助けを受けにくくするということもないのです。

嫉妬する心

嫉妬は罪意識や怒りと同様、人生に傷つき苦しむときにどうしても感じてしまう感情です。負傷した人が、自分よりいい人間でもないのに無傷で助かった人に、嫉妬を抱かないでいられるでしょうか。どうして未亡人が、元気な夫がいる人に対して（それが親しい友人だとしても）嫉妬を抱かないでいられるでしょうか。医師に、あなたはけっして子供を産むことができないと告げられた女性は、四人目の赤ちゃんを身ごもってしまったと不満そうに打ち明ける義理の妹に、どのように反応したらよいというのでしょうか？

嫉妬するのはよくないことだと道徳をもちだしたり、嫉妬など捨てるように話したところで、なんの助けにもなりません。嫉妬というのはきわめて強烈な感情です。それは私たちの心の深い部分に触れ、大切な部分を傷つけるものです。

心理学者のなかには、嫉妬の原点は兄弟間における競争意識にさかのぼると考える人がいます。子供は、限りある両親の愛情と注目を得ようと、兄弟や姉妹と競い合うのです。親に大切にされるということだけでなく、ほかの者よりもよけいに大切にされるということが重要なのです。鶏肉のささみとか、大きいデザートというのは、たんに食べ物の問題なのではなく、親がどの子供をいちばん愛しているかを象徴的に物語るものなのです。私たちが競ってでも手に入れたいと切望するのは、愛の獲得合戦で勝利したことの確信であって、食べ物の争奪戦に勝つことではないのです。（あなたは、聖書のなかで「罪」ということばが最初に使われているのは、アダムとイブが禁断の実を食べた場面ではなく、神がアベルの贈物のほうを喜んだことに嫉妬したカインが、自分の弟であるアベルを殺した場面であることを知っていましたか?)

大人になっても、「より多く愛されている」という確証を必要とする子供のころの競争の習慣は、完全に抜け切れるものではありません。神のことを天にいます全能の親と考える習慣が抜け切れないのと同じです。事故にあったり死別の苦しみを味わうことじたい、十分に耐えがたいことですが、自分のまわりに苦しんでいない人がいるということはもっと耐えがたいことなのです。なぜなら、子供時代の競争意識がよみがえってきて、神は私よりもあの人を愛しているのだ、と思えてくるからなのです。

友人や近所の人が重い病気だからといって、それで自分がより健康になったとはだれも言いませんし、うれしいというわけでもありません。そのことは理屈ではよくわかっています。また、友人のご主人が死んだからといって、それで自分自身がだれかを失ったときに感じる別れの淋しさが和らぐわけでもありませんし、だれも友人の不幸を望んだりしていないのです。そのこともよくわかっています。(実際にいつかそんなことが起こったら、自分はそうなるように望んでいたという気がして罪の意識に悩まされるものですが、そのような意識とは闘わねばなりません。)そういうことはすべてよくわかっているのですが、それでも、自分が健康や家族や仕事を失った時に、何も失わずにいるまわりの人に対して憤りがわいてくるのです。

また、まわりの人の幸福に対して腹を立てれば立てるほど、周囲の人は怒りや敵愾心を感じて遠ざかっていき、彼らから支援を受けることがむずかしくなるということも、よくわかっているのです。嫉妬をすることによって、ほかのだれでもない自分自身を傷つけ苦しめていることもわかっているのです。それでも、私たちは嫉妬を感じてしまうのです。

すべての人は悲しみの兄弟

古い中国の物語に、一人息子を亡くした母親の話があります。彼女は深い悲しみのなかにあってひとりの聖人を訪ね、つぎのように問いかけました。「どんな祈り、あるいはどんな呪文を唱えれば、私の息子が生き返ってくるのでしょうか？」。追い返したり諭したりするかわりに聖人は、「悲しみをまったく味わったことのない家庭へ行って、からし種を一つもらってきなさい。それを使って、あなたの悲しみを追い払ってあげよう」と告げたのです。

彼女はただちに、その魔法のからし種を探しに出かけました。最初に大きな美しい邸宅にやってきて、門をたたいて言いました。「悲しみをまったく味わったことのない家庭を探しています。お宅はそのような家庭でしょうか？　私にはとても大切なことなのです」。その家の人たちは「ここはそんな所ではありません」と答え、ふりかかった悲しみの数々を話しはじめました。それを聞いて彼女は、「私よりもっとつらい目にあっているんだわ。だれか助けてあげられる人はいないのでしょうか？」と思いました。しばらくの間、彼女はそこにとどまって彼らを慰め、それからまた、悲しみを味わったことのない家庭のからし種を求めて旅立っていきました。

しかし、宮殿であれ、掘っ立小屋であれ、彼女は行く先々で悲しみと不幸を目のあたりにしたのです。結局、彼女は他人の悲しみに深く同情し、人びとを慰め助けることに熱中するあまり、魔法のからし種を探していたことを忘れてしまいました。それはすなわち、彼女の悲しみが追い払われてしまったことだったのですが、そのことにも気づかずじまいだったのでした。

おそらく、これだけが嫉妬を取り除くすべなのかもしれません。つまり、自分にないものを持っているというので私たちが腹を立てたりねたみを抱いたりしている人たちにもまた、彼らなりの傷や痛みがあるのだ、ということを認識することです。彼らのほうで、私たちのことをねたんでいるかもしれないのです。夫を亡くした近所の未亡人を慰めようとしている女性には、夫が職を失うかもしれないという不安があるかもしれません。あるいは、非行に走る子供について言うに言われぬ心配があるかもしれません。妊娠中の義理の妹も、自分自身の健康状態について不安の材料となることを耳にしたかもしれません。

私が若いラビだったころ、悲しみに沈んでいる人たちは、私の支援や語りかけに耳をかそうとしてくれませんでした。悲しみに心を痛めている人たちと痛みを分かちあうために、月並みなことばをたずさえて人びとのところへ向かっていた私は(若く、健康で、安定した収入を得ていたのです)、いったい何者だったのでしょうか？　しかし、年を経て、私の息子の病気や予後について知るようになると、人びとの拒否反応は少なくなってきました。今では彼らも、私が自分たちと比べてべつだん幸運なわけではないと知っていますから、私に対して怒りをもつ理由がなく、私の慰めを受け入れてくれるようになりました。彼らから見て、私はもはや、神のお気に入りの子供ではなくなったのです。私と彼らは苦難の兄弟であり、だから彼らは、私の援助を受け入れることができるのです。

だれもが悲しみを知っているという意味において、兄弟姉妹なのです。悲しみや苦しみをまったく知らない家庭から訪ねてくる人はいません。人が慰めに、あるいは手をさしのべに来てくれるのは、その人もまた、人生の悲しみや痛みを知っているからなのです。

苦しみをお互いに比較しあうようなことはすべきでないと思います。(「あなたは、自分ではたいへんな問題に直面していると思っているのですね? 私の苦しみを聞かせてあげましょう。あなたの苦しみなんて楽なものだということがわかるでしょう」)。このような競争からは、なんの良いものも生まれません。これでは、子供のころのそもそもの競争心や嫉妬心と変わらない、不健全なものです。悲しんでいる人は、悲しみを競うオリンピックに招待されることを望んでいるわけではないのです。

でも、つぎのことを忘れないでいれば、助けになるでしょう。すなわち、苦悩や悲痛は世界のすべての人に平等に配分されているわけではないけれど、きわめて広範囲にわたって配分されているということです。だれもが、苦しみや悲しみを味わっているのです。もし事実を知ったなら、羨むべき人生を送っている人など、ほとんどいないことがわかるでしょう。

7章

ほんとうの奇跡

祈りに答えない神とは?

ある夜、十一時少し前でしたが、私の家の電話のベルが鳴りはじめました。夜遅くになんだか不吉な予感のする電話の鳴り方で、私は受話器を取り上げる前に、なにかよくないことが起こったのだと感じました。

電話の主はまったく知らない男の人で、私のシナゴーグのメンバーでもない人でした。母親が入院中で、明日の朝、大手術を受けることになっていると言うのです。それで私に、母親の手術が成功するように祈ってくれと言うのです。詳細を知りたいと思ったのですが、その人は明らかに気が転倒し、動揺していましたので、私は母親のヘブライ名をたずねてメモし、祈ることを約束するにとどめました。母親と彼に平安があるようにと告げて受話器を置いたのですが、この種の会話のあとでしばしば感じる、なにかしらすっきりしないものを私は感じました。

ある人の健康を祈ったり、手術の成功を祈ったりすることには、思慮深い人に疑問を抱かせないではおかない、なにかがあります。祈りというものが、多くの人が思っているようなかたちで聞き入れられるとしたら、だれも死なないということになります。なぜなら、自分自身や自分の愛する人の健康、生命、病気からの回復を願う祈り以上に、真摯な祈りはないからです。

神を信じているけれども、神には私たちの人生の悲しみや苦しみに対して責任はないと考えるのなら、また、神は正義と公平を願っているけれども、いつもそれが実現するようにものごとを進められるとは限らないと信じるのなら、人生の危機に際して私たちが神に祈るというのは、いったいどういうことなのでしょうか？

私は――そして私に電話をかけてきた男の人は――ほんとうに神が悪性の腫瘍を癒したり、手術を成功に導く力を持っていると信じているのでしょうか？　そして、正しい人が正しいことばで適切に祈りさえすれば、神は祈りをかなえてくれると信じているのでしょうか？　ふさわしからぬ人が自分のために適切でないことばを用いて祈ってしまったようなとき、神はその人を死なせてしまうのでしょうか？「私はあなたの母親の健康を回復してやることはできたのだが、あなたは十分に嘆願することもひれ伏すこともなかった」などと神が言うとしたら、そんな神を、いったいだれが尊敬したり礼拝したりできるでしょうか？

祈ったとおりにならないとき、どうしたら神に対して怒らずにいられるでしょうか？どうしたら、自分は神に罪ある者とされた、失格者とみなされたと感じずにいられるでしょうか？　神をいちばん必要としているその時に神に見捨てられた、という気持ちをどうしたら抱かなくてすむのでしょうか？　また、自分は神に満足してもらえない人間なのだという、これもやはり淋しい気持ちを、どのようにしたら抱かなくてすむのでしょうか？

ハッピーエンドの敬虔な物語、つまり、祈りによって奇跡的に癒された人の物語を聞かされて育った盲目の子供や身体障害児の胸の内を想像してみてください。その子はありったけの誠意と純真さで、ほかの子供と同じように健康にしてくださいと神に祈っているのです。自分の障害は永久に癒されないと知ったときの、その子の悲嘆と怒りはどれほどのものでしょうか。神に対して、あんな話を聞かせた人に対して、あるいは自分自身に対して向けられる怒りはどれほどのものでしょうか。神には癒す力はあるのだが、「きみのために」そうしないのだと教えること――神を憎めと教えるのに、これ以上のやり方はないでしょう。

「どうして私の祈りは聞き入れられないのだろうか？」と問う人に対して、いくつかの答えが考えられますが、ほとんどの答えには問題があり、罪意識や怒り、そして絶望感をもたらします。

―あなたの祈りが聞き入れられなかった理由は、あなたがそのことに値するだけの、ふさわしい人間じゃなかったからです。

―祈りに熱心さが足りないからです。

―あなたにとってなにがもっとも大切なことか、あなたよりも神のほうがよくご存知だからです。

―反対の結果を祈っただれか別の人の祈りのほうが、あなたの祈りよりも価値があると認められたのでしょう。

―祈りにどこかごまかしがあったからです。神はそのような祈りは聞かれません。

―神なんか存在しないからだ。

これらの答えには満足できないけれど、しかし祈ることなどまったく無意味だとも思いたくないとすれば、あとひとつの可能性があります。それは、祈るとはどういう意味なのか、そして祈りが聞き入れられるとはどういうことなのか、ということに関する考え方を変えることです。

祈るべきでない祈り

『タルムード』(ユダヤの律法についての議論を集大成したもので、すでにこの本でも引用しました)のなかに、人が唱えてはならない不適切で悪い祈りの例が記されています。

それによれば、もし、ある女性が妊娠しているとすると、彼女も彼女の夫も、「どうぞ男の子でありますように」(女の子でありますように、というのも同じことです)と祈ってはいけません。その子の性別は受胎の時に決定されるものであり、懇願されたからといって神がそれを変えることはできないのです。また、消防車が自分の家の方向に向かって走っていくのを見ても、「神さま、どうぞ私の家が火事でありませんように」と祈るべきではありません。自分の家ではなく他人の家なら燃えてもかまわないという卑しい祈りだからだめだというのではなく、そんな祈りは役に立たないからだめなのです。つまり、すでにある家が燃えている以上、どんなに誠意あるはっきりとした祈りも、どの家が燃えているかについて影響を与えることはないのです。

この論理を今日的な状況にあてはめることができると思います。大学の入学試験の結果の通知を受け取った高校三年生が「神さま、どうか合格でありますように」と祈るのも、病院で診断結果を待っている人が「神さま、異常ありませんように」と祈るのも、ともにまちがっていることになります。タルムードの妊婦や火事の家と同じように、すでにある状況が存在しているのですから。過去に逆戻りしたり、訂正したりすることを神に願うことはできないのです。

すでに見てきたように、私たちは自分のために、神に自然の法則を変えるように求めたり、絶望的な状態の解消を求めたり、病気の推移を変えるように求めたりはできません。ときには奇跡も起こります。悪性腫瘍が不思議にも消えてなくなったり、不治の病が癒されたりして、当惑した医師たちは、これは神のなせる業《わざ》だと語ります。こんな場合にできることといったら、とまどう医師たちの感謝のことばをまねてみることぐらいです。

ふつうなら死んだり身体障害をきたしてしまうような病気にかかったにもかかわらず、自然に治ってしまう人がいるのはなぜなのか、私たちにはわかりません。車や飛行機の事故で、多少のかすり傷と打ち身そしてショック状態になるぐらいで無事にすむ人もいるのに、隣に座っていた人が死んでしまうのはどうしてなのか、私たちにはわかりません。

私には、この人の祈りは聞くがほかの人のは聞かない、などという選択を神がするとは信じられません。神がそんなことをする理由などどこにもありません。亡くなった人や生き残った人の生活をどんなに調べても、どう生活し、どう祈れば、神の愛をより多く勝ちとれるかなど、わかるはずもないのです。

奇跡が生じ、だれかが死を免れたとき、私たちは頭《こうべ》をたれて奇跡が起こったことに感謝すべきであって、自分の祈りや献げものや禁欲の行為が良い結果を招いたのだと考えるべきではありません。そんなふうに考えるなら、つぎに同じような状況に置かれたとき、今度はどうして祈りが聞かれないのだろうと悩むことになるでしょう。

さらに、好ましくない祈りとして、ほかの人を傷つけるような内容を含むものもあげられます。宗教というものがすべからくそうであるように、祈りも人の心を広やかなものにするためにあるわけですから、意地悪、ねたみ、復讐といったことのために用いるべきではありません。

憎みあっている二人の店主の話をしましょう。二人の店は道を隔てて向かいあっており、お互いに自分の店の入口に腰かけて、相手の店のようすをうかがっています。自分の店にお客が入ってくると、勝ち誇ったようににんまりと相手を見るのです。ある夜、一方の店主の夢に天使が現われて言いました。「神さまがあなたに教訓を与えるために、私をつかわされました。あなたの望むものはなんでもあなたに与えられます。ただし、通りの向うの競争相手は、あなたの得たものの二倍を得ることになります。お金持ちになりたいですか？　なれますとも、でも相手はあなたの二倍、金持ちになります。健康で長生きがしたいですか？　それも可能です、でも相手はあなた以上に健康で長生きすることでしょう。有名になることも、自慢できる素晴らしい子供たちに恵まれることも、とにかくあなたの望みはなんでもかなえられます。しかし、あなたが得たものの二倍を、相手は手に入れるのです」。彼は難色を示し、少し考えてから答えました。「けっこうでしょう。それなら、私の片方の眼を見えなくしてしまってください」。

最後に、神に祈ることのできない祈りとして、自分の力の範囲内のことを神に求め、労力を惜しむような祈りがあげられます。ある現代の神学者が、つぎのような詩を書いています。

神よ、戦争を終結させたまえとは祈りません
自分と隣人のなかに
平和への道すじをみずから見いだすべしと

神がこの世を創られたことを知っているのですから。
　神よ、飢餓を救済させたまえとは祈りません
われらが知恵をめぐらせさえすれば
世界中の人が食べるだけの資源を
すでにさずけてくださっているのですから。
　神よ、偏見を放棄させたまえとは祈りません
われらが誤らないのでさえあれば
人はみな善であると観る眼を
すでに与えてくださっているのですから。
　神よ、絶望から脱出させたまえとは祈りません
われらが善政を行ないさえすれば
スラムに太陽と希望を充たすすべを
すでにさずけてくださっているのですから。
　神よ、病苦を根絶させたまえとは祈りません
われらが正しく用いさえすれば

治癒の方途を探究する知性を
すでに与えてくださっているのですから。
　ですから、神よ
ただ祈るのではなく
力と決断と意志をのみ
われらは祈り求めるのです。
（ジャック・リーマー『リクラット・シャバット』）

祈りは結び合わせる

不可能なことや自然の法則に反することを祈り求められないのなら、復讐のために祈れないのなら、自分の務めを神に代わってやってもらおうという無責任な祈りはできないのなら、いったいどんな祈りならいいのでしょうか。傷つき苦しむとき、祈りは私たちを助けるためになにをしてくれるのでしょうか？

祈りが私たちにしてくれる第一のことは、私たちをほかの人と結び合わせてくれることです。同じような思い、価値、希望、そして痛みをもつ人たちと、祈りによって繋がることができるのです。

十九世紀の終りから二十世紀の初めにかけて、社会学の一学派を確立したエミール・デュルケームというフランス人がいました。ユダヤ教正統派のラビを祖父にもつデュルケームは、個人の宗教や倫理のあり方を形づくるうえで、社会がどんな役割を果たすかということに興味を抱きました。彼は長い年月を南洋の島々で暮らし、専門の聖職者や祈禱書によって形式を整える以前の宗教はどんなものであったかを知るために、土着の原始宗教の研究を重ねました。

一九一二年に彼は、『宗教生活の原初形態』という重要な書物を出版し、もっとも初歩的段階における宗教の本来の目的は、人を神との関係に入れることではなく、人どうしを互いに結び合わせることにある、と述べました。

宗教儀式は、誕生や死別、子供の結婚や親の死という体験をいかにして隣人と分かちあうかということを教えたのです。種まきの儀式や収穫の儀式、冬至や春分の日の儀式がありました。そのようにして、地域社会の人びとは、人生の喜びや恐怖を共有することができたのです。だれも、たった一人でそれらに直面しなくてもすんだのです。

私は、今日の宗教にとっても、なしうる最善のことはそうしたことだと考えています。ふつうは宗教的儀式など好まない人でも、結婚式ともなれば、友人や隣人の列席のもと、おなじみのことばと手順でする伝統的なものに、心を動かされるものです。法的承認ということだけなら、ひっそりと裁判官の前で結婚をしても同じことであるにもかかわらず、です。私たちは喜びをほかの人びとと分かちあう必要がありますし、それ以上に、恐れや嘆きを分かちあう必要があります。ユダヤ教のシヴァ(shiva)の習慣(死別後の一週間、座して故人を偲ぶもので、キリスト教徒が通夜やチャペルに赴くことに相当する)も、その要求に応じてできたものなのです。

　どうしようもない孤独感を感じるとき、運命の手に一人もてあそばれていると感じるとき、私たちはとかく一人きりで暗い片隅にこそこそと逃げていき、自分を憐れみたくなるものです。そんなとき、私たちは、それでも自分は人びとの繋がりのなかの一員なのだということを思い出す必要がありますし、私のことを気遣っていてくれる人が周囲にいるのだ、自分はいのちの流れに繋がっているのだということを覚えている必要があるのです。こうした時に、宗教は私たちのとるべき行動に構造《かたち》を与え、人と共にいることを、人を自分の生活の場に迎え入れることを、要請するのです。

　だれかが亡くなって葬式が始まろうとするとき、家族の人がよく私にたずねることがあります。「ほんとうにシヴァの席を設けねばならないのですか？　大勢の人たちを居間に迎え入れるなんて。私たちだけにしておいてくださいと言ってはいけないのでしょうか?」。私の答えはこうです。「いけません。人びとをあなたの家に迎え入れ、嘆き悲しんでいるあなたの心の中に迎え入れてください。それこそが今、あなたが必要としていることなのです。悲しみを分かちあい、語り、慰めを受け入れることがあなたには必要なのです。あなたがまだ生きていること、そしてみんなの人生の一部にあなたが存在していることを知ってもらう必要があるのです」。

ユダヤ人の間には、哀悼の儀式としてスーダット・ハヴラアー(se'udat havra'ah 食べ物をふたたび充たすという意味)と呼ばれる素晴らしい習慣があります。埋葬を終えて帰宅した遺族の者は、自分のために食事を準備してはいけない(ほかの人のために準備をしてもいけない)ことになっています。ほかの人たちが彼に食べさせてあげなければいけないのです。それは、彼を知る人びとが彼のまわりに結び合わされ、彼を支え、彼のむなしくなった世界を満たすことを象徴する行為なのです。

そして、死別後一年目の礼拝に参列し、「服喪者の祈禱《カディシュ》」を朗読するとき、彼は温かい思いやりと支援の心にあふれた会衆に包まれていることを感じます。自分以外にも悲しみ嘆いている人がいること、自分と同じように愛する人を亡くした人がいることを見聞きして、自分だけがこんな不幸にみまわれたのだという気持ちを、多少とも和らげることができるのです。人びとがそこにいてくれることによって、自分は神に罰せられた人として遠ざけられているのではない、人びとに受け入れられているのだと知って、慰めと安らぎを覚えるのです。

母親の手術が成功するように祈ってほしいという見知らぬ人からの電話の話を、この章の初めに記しました。私の祈り(あるいは彼の祈り)が神を動かして手術を成功へと導くことを信じていないのなら、どうして私は祈ることを約束したのでしょうか？　約束することによって私は、彼にこのように語っていたのです。「お母さんのことを気遣っておられるのですね。なにか悪いことが起こるかもしれないという、あなたの不安や恐れはよくわかります。私も、隣人の人びとも、あなたと同じ不安を抱いているということを知っていてください。たとえ会ったことはなくても、私たちはあなたといっしょにいるのです。なぜなら、自分があなたのような状況に置かれたらどんなだろうと想像することができますし、あなたができるかぎりの助けを必要とし、望んでいることも想像できるからです。私たちはあなたと共にいて、手術がうまくいくことをあなたと同じように祈り、願っています。ですから、一人でこの恐ろしい状況に直面しているとは思わないでほしいのです。私たちもまたお母さんの健康を案じ、回復を願っているということが、あなたやお母さんの助けになるのでしたら、どうぞ覚えていてください、私たちはいままさにそのように案じ、願っているのだということを」。人びとが自分のことを心配してくれていると知ることは、人の健康状態に影響を与えうると、私ははっきりと信じています。

祈りは正しく捧げられる時、人を孤独の極みから解放します。一人きりだと思う必要はないし、見捨てられたと思う必要もないことを、人は祈りを通して再確認できるのです。祈りは人間に、どんな人も一人ではつかむことのできない、より深い、より希望と勇気に満ちた、未来に対してより開かれた、大いなる存在《リアリティ》と結び合わされていることを教えてくれるのです。

ある者は宗教的儀式に出席し、ある者は伝統的な祈りを捧げますが、それはべつに神を求めてのことではなく(神を見いだすためならばもっといろいろな場所があります)、人びとを見いだすため、自分にとってもっとも大切ななにかを分かちあえる人びとを見いだすためなのです。このように考えてみますと、祈りによってまわりの世界が変わろうが変わるまいが、祈ることができるというそのことが、すでに人を助けてくれているのです。

ハリー・ゴールデンという卓抜した作家が、そのことをある作品のなかでつぎのように表わしています。幼いころ、彼は父親にこうたずねたというのです。「神さまを信じていないのなら、どうして毎週毎週、シナゴーグに行くの？」。父親は答えました。「ユダヤ人は、さまざまな理由でシナゴーグに行くものなんだよ。私の友だちのガーフィンクルは、正統派だけれど、神さまと話すために行っている。私は、ガーフィンクルとおしゃべりするために行ってるんだよ」。

しかしこれでは、「祈ることによって、どんな良いことがあるのでしょうか？」という私たちの問いに、半分しか答えていませんせん――たぶん、重要でないほうの半分でしょう。

人と人を結び合わせるということ以上に、祈りは私たちと神とを繋ぐものなのです。多くの人が考えているようなかたちで祈りが神と人とを結び合わせてくれるものなのかどうか、私には定かではありません――多くの人の考えでは、私たちは神に哀願したり、物もらいのように施しを求めたり、買物客のように神にリストを見せて値段をたずねています。しかし、祈りというのは、基本的には神に哀願してものごとを変えてもらうということではありません。祈りにいったいなにが可能で、祈りはどうあるべきものなのかを理解し、現実ばなれした期待を捨て去ることができれば、私たちはほんとうに必要なときに、祈ることも、神により頼むこともできるのです。

二つの祈り

ここで、聖書のなかにある二つの祈りを対比してみたいと思います。同じ人物が、同じような状況のなかで、ただし二十年の隔たりをもって捧げた二つの祈りです。二つとも、イスラエルの父祖たちの物語を収めた創世記のなかに出てきます。

第二八章に、若いヤコブが初めて家を離れて迎える夜のことが書かれています。父や兄と口論したヤコブは父の家を出て、伯父ラバンと住むためにアラムという所へ徒歩で旅していくのです。未熟で不安にかられている彼は、父や兄に対する自分の態度を恥じ、ラバンの家でなにが待ち受けているのかもわからず、つぎのように祈ります。「神がわたしと共にいまし、わたしの行くこの道でわたしを守り、食べるパンと着る着物を賜《たま》い、安らかに父の家に帰らせてくださるなら、主をわたしの神といたしましょう。またわたしが柱に立てたこの石を神の家といたしましょう。そしてあなたがくださるすべての物の十分の一を、わたしは必ずあなたにささげます」。

ここでのヤコブの祈りは、不安におののく若者が、なにか困難なことをしようと思いながらも自分にそれができるかどうか自信がなく、〝わいろ〟をつかって、神にもろもろのことをとりはからってもらおうとしている祈りです。彼は、神に守られ繁栄させられるにふさわしい者になろうとしています。約束の祈りによって、献げものによって、ひたすら礼拝することによって、好意を獲ち取り加護を買収できる神を信じていることが明らかです。彼の姿勢は、病気や不幸にみまわれた今日の多くの人たちと同じで、このように語っているのです。「神さま、どうかすべてうまくいくようにしてください、そうすれば、あなたの望むことはなんでもいたします。これからけっして嘘は申しません、礼拝には欠かさず出席します――神さま、あなたがこの願いを聞き入れてくださるなら、あなたのおっしゃることはなんでもいたします」。

自分がそうした状況のただなかに置かれていない場合には、このような姿勢や神に対する理解が幼稚であることはわかります。そのような考え方は道徳的にまちがっているというわけではありませんが、正しいとは言えません。世界はそんなふうには動いていないのです。神の祝福は、売りに出されているものではありません。

最終的に、ヤコブもその教訓を学ぶことになります。聖書によれば、ヤコブはその後二十年をラバンの家で暮らしています。そしてラバンの二人の娘と結婚し、多くの子供たちに恵まれるのです。熱心に働き、わずかの蓄えから始めて富を築きました。そしてついに、二人の妻と子供たち、羊と牛の群れを伴って、家に帰る日がきたのです。そして、かつて立ちあがって祈りを捧げた、あの第二八章で描かれた同じ川辺にやってくるのです。あの時と同じように、ヤコブは不安になり恐れを抱きます。あの時と同じように、新しい国、そしてどうなるかわからない状況へと向かっているのです。明日になれば、二十年前に自分を殺そうとした兄エサウと対面しなければならないことも知っています。いまいちど、ヤコブは祈ります。しかし、この時は、二十年の年月を重ねて賢くなっていたので、少年の時の祈りとはずいぶん違った祈りを捧げたのです。

創世記の第三二章で、ヤコブはつぎのように祈っています。「父アブラハムの神、父イサクの神よ、あなたがしもべに施されたすべての恵みとまことをわたしは受けるに足りない者です。わたしは、つえのほか何も持たないでこのヨルダンを渡りましたが、今は二つの野営隊を持つようになりました。どうぞ、兄エサウの手からわたしをお救いください。……わたしは彼を恐れます。あなたは、かつて、「わたしはおまえの子孫を海の砂の数えがたいほど多くしよう」と言われました」。

別のことばで言えば、ヤコブの祈りはもはや神との取引ではなく、神に要求の数々——食べ物、着る物、繁栄、安全な帰還——を並べたてたものでもなくなっています。なにかと交換して神の祝福とか援助を得ようという姿勢はなくなっています。ヤコブの成熟した祈りは、ただこのように言っているのです。「神さま、わたしはあなたになにも要求しませんし、献げるべきなにものをも持っていません。求めて得られる以上のものを、あなたはすでにわたしに与えてくださっています。今、わたしは、ただひとつの理由によって、あなたに立ち返って求めます——わたしにはあなたが必要なのです。わたしは恐ろしいのです。明日、たいへんなことに直面しなければなりません。自分だけで、あなたなしでやっていけるかどうか不安なのです。神さま、あなたはかつてわたしに、人生においてひとかどのことを成し遂げさせてやろうと約束してくださいました。もし、そのあなたのことばが真実なら、どうか今こそわたしを助けてください。いまわたしが置かれている状態は、わたしひとりの手にはとうてい負えるものではないのです」。

ヤコブは神に対して、エサウを追い払ってくださいとか、エサウの力を弱めてくださいとか、彼の記憶を魔法のように取り去ってくださいとかは頼んでいません。ヤコブが神に求めていることは、神が共にいてくださるという確信を自分に与え、恐れを小さくしてほしいということです。そうしてくれれば、明日、自分の身の上になにがふりかかろうと、自分ひとりで立ち向かっていかなくてもいいわけですから、なんとか対処することができるというのです。

これが、神が応答してくださる祈りです。私たちは神に、人生からいっさいの問題を取り去ってくださいなどと祈ることはできません。そんなことは起こるはずもなく、人生は以前のままの人生でしかありません。自分や愛する人は病気にならないようにとも祈れません。神にはそのようなことはできないからです。また、災難が自分のところは素通りしてほかの人のところに行くように、魔法の呪文でも唱えてくれるよう頼むこともできません。自転車やいい成績、あるいはボーイフレンドを与えてくださいと祈る子供の場合ほどにも、奇跡を祈り求める人に奇跡は起こらないものなのです。

しかし、勇気を求め、耐えがたい困難を耐えるための力を求め、失ったものではなく残されたものに心を留める寛大さを求める人たちの祈りは、かなえられることが多いのです。そのような祈りをする人は、自分が考えていた以上の力や勇気を自分のなかに見いだします。それはどこからきたのでしょうか？　彼らの祈りがそのような力を見いだす助けとなっていると、私は考えたいのです。祈りが、今まで隠されていた信仰と勇気を呼びさます助けになったのです。

夫の葬式の日、「これから先、私はいったいなんのために生きていったらよいのでしょう?」と私にたずねた未亡人が、数週間ののちには、朝には目覚め、今日一日を前向きに生きていけるだけの理由を発見しました。また、失業や破産の憂き目を見た男性は、私に、「ラビ、私はもう年です、初めからやり直す元気なんかありません」と言っていたにもかかわらず、立派にやり直しました。そんな質問をしていた時の弱々しさとはうって変わった力強さや希望や前向きの姿勢を、彼らはどこから見つけ出してきたのでしょうか? 気にかけてくれている人びと、心配していることを表明してくれる人びととのかかわりのなかで、また、神は苦しみうちひしがれている人の味方なのだと知ることによってであると、私は信じたいのです。

生き抜く力はどこから

人生をかりにオリンピックにたとえるなら、人生の危機のいくつかは短距離競走のようなものです。短い時間、最大の集中力が要求されますが、その期間が過ぎれば、人生はもとどおり平常に戻ります。しかし、そうではない長距離競走のような危機もあります。より長い時間にわたって集中力を持続することが求められる、もっと困難な危機です。

私は、重いやけどを負った人や事故で背骨を折った人を、病院に見舞ったことがあります。最初の数日間、その人たちは死なずにすんだことを喜び、自信をもっています。「私は頑張り屋だから、これくらいのことには負けませんよ」というわけです。最初の幾日かは、友人や家族が集まってきて助けてくれますし、立ち直れるかと気遣ってもくれ、同情と思いやりに包まれている日々といえます。ところが、数週間とか数か月がたつと、長びく危機が家族や親戚の人びとの思いに変化をきたさせます。病人は、代りばえのしない毎日や、好転の兆しの見えない病状にいらだちを感じはじめます。早く回復していかない自分自身に腹を立て、即座に治してしまえない医師に対して怒りを抱くようになります。

夫が肺ガンだと診断されたときにはあれほど心配していた妻が、イライラしておこりっぽくなってきます。「もちろん、彼のことは気の毒だとは思うけれど、だれだって人間、悩みもあるし助けも必要としているの。長いこと彼は働きすぎで、健康のことなんか無視していたんですもの、そのつけが今まわってきたということだわ。そうしたらこんどは、私に自分の人生を捨てて、子守り女になれと要求するんですもの」。もちろん、彼女はご主人を愛していますし、彼が病気であることに対して心に大きな痛みを覚えています。しかし、この終りの見えない厳しい苦難に疲れを感じているのでしょう。残されて未亡人になってしまうことへの恐れ、そうなったときの経済状態への不安、病気になってしまった夫への怒り（大がタバコを吸い、自分の健康について無関心であったのならなおさらです）、そして心配で眠れない夜のために疲れ切ってしまったのでしょう。彼女は恐れと疲労でいっぱいなのです。しかし、それがことばや態度に現われるとき、いらだちと怒りになってしまうのです。

同様に、知恵遅れの子供の両親の場合も、良くなる見込みとてない長く苦しい状況を生きています。初めのころの思いやり、諦観、ちょっとした体の動きや発声に喜んだことなどは、時がたつにつれて薄れていき、同じ年ごろの子供に比べてずいぶん発達が遅れていることを目のあたりにしたときの怒り、自分たちがさんざん骨を折って教えてきたことさえ忘れてしまっている子供への怒りに、とって代わられるのです。そして、判で押したように親たちは、能力の限界を課せられた子供に対して忍耐を示せない自分自身を責めるようになるのです。

そのような親たちは、日々を生き抜いていく力をどこから得るのでしょうか？　手術さえ不可能なガンで苦しんでいる男の人、あるいはパーキンソン病で苦しむ女の人は、幸福な未来を期待できない状況のなかで、どうやって力を得、新しく巡りくる日々に意味を感じ、立ち上がれるようになるのでしょうか？

私は、そんな人にとっても、神が答えだ——その現れ方やはたらき方は違っても——と信じています。私は子供の知能障害の原因が神にあるとは思いませんし、だれが筋ジストロフィーで苦しむかを選択したのが神だとも思いません。私の信じている神は、苦しみを与える神ではありません。苦しみを乗り越えるための力と勇気を与えてくれるのが神なのです。

精魂つきはててしまった時、どこから生き抜いていく力を得ることができるのでしょうか？　ほんとうに長い年月、忍耐に忍耐を重ね、いつ終わるとも知れないこの苦しみに耐えた末、もうこれ以上耐えられないと思える時、それでも耐える力はどこから得られるのでしょうか？

私は、神は力や忍耐や希望を与え、枯れはてた私たちの心を新たにしてくれると信じています。神が絶え間なく魂を強めてくれているのでなければ、長期にわたる病気で苦しんでいる人たちが考えられないような強さをもち、ユーモアを忘れずにいることなど、どうしてできるというのでしょうか？　最愛の夫を亡くし、葬送の日には生きていく勇気など持ちあわせていなかった未亡人が、たった一人で自分の人生を生きていく勇気をどこから得たのか、神のはたらきかけ以外に考えられるでしょうか？　弱ったとき神により頼むことができるのでなければ、どうして知恵遅れや脳障害の子供を持つ親たちが、来る日も来る日も自分たちが担うべき責任を果たしていけるのでしょうか？

　精神力、希望、あるいは忍耐力を得るために、神にもの乞いをしたり、わいろを贈ったりする必要はありません。ただ神に心を向け、これは自分の力ではどうすることもできないということを認め、長期にわたる病苦を勇敢にも耐え抜いていくことは、人間性と神性の素晴らしい発現であるということを理解するだけでよいのです。

　神は実在しており、宗教家たちがでっちあげた空想ではないということを、絶えず私に確信させてくれる事実は、力や希望や勇気を求め祈る人たちが、祈る前にはもちあわせていなかったそれらのものを、ほとんど例外なく得ているということなのです。

　私はまた、病気の子供たちも祈るべきだと確信しています。耐えねばならないことを耐えられるだけの力が与えられるように、その子たちもまた祈るべきです。病気や治療からくる苦しみが大きすぎないように祈るべきです。祈ることで、声に出して言う恥ずかしさを感じることなく、自分たちの不安や恐怖を表わすべきだし、自分は一人ぼっちではないことを知るべきです。家族の者が帰り、医師が去ったあとの真夜中の病院でも、神は病気の子供たちのそば近くにいるのです。友人たちの訪問が遠のくほど病気が重いときでさえ、神は共にいるのです。痛みの恐れ、見捨てられる恐れが、たぶん子供の病気におけるもっともやっかいな部分ではないかと思いますが、祈りはそうした恐れを和らげるために捧げられるべきなのです。

また、奇跡を起こしたり起こさなかったりするのは神の裁きではないということさえわきまえるならば、奇跡を起こして健康を取り戻してくれるよう祈ることも、病気の子供たちにとって良いことかもしれません。祈らないということは、すなわち、すべての希望を諦め、ただ死ぬ時が来るのを待つことでしかないのですから、彼らは祈るべきなのです。

「神が私の病気を治せないとしたら、そんな神になんの用があるのでしょう？　だれがそんな神を必要とするのでしょう？」と言う人があるかもしれません。神はあなたに病気になってほしいとか、不自由な体になってほしいとは思っていません。神があなたをそのような状態にしたのではありませんし、このままそうした状態でいてほしいと思っているわけでもありません。でも、神にはその状態を取り去ることはできないのです。それは、神にとってむずかしすぎることなのです。

それでは、なんのための神なのでしょうか？　神は医師や看護師となる人間をつくり、あなたの病気を少しでも良くしようと努めています。また、神は、病気に苦しみ不安におののいている時にも勇気を保てるようあなたを助け、一人きりで恐怖や痛みに耐えなくてもよいと教えてくれるのです。

苦しみに耐えるだけの十分な強さがその人に備わっているから、神はこのような重荷を与えるのだという常套的な説明は、まったくまちがっています。私たちに災いをもたらすのは神ではなく、巡りあわせです。それに対処しようとする時、私たちは自分の弱さを知ります。私たちは弱いのです。すぐに疲れ、怒り、気持ちが萎えてしまいます。どうすれば、これからの長い年月を耐え抜けるのだろうかと途方にくれてしまいます。しかし、自分の力や勇気の限界に達した時、思いがけないことが私たちのうえに起こるのです。その時、外からの力によって強められる自分を見いだします。そして、自分は一人ぼっちではなく、神が共にいてくれるのだということを知ることによって、苦しみを生き抜いていくことができるのです。

祈りは聞かれなかったのだろうか？

祈りの効果について考えを示せと私にせまった若い未亡人に対して、私がどのように答えたかを紹介しましょう。

彼女の夫はガンで亡くなりました。夫が末期の状態であったあいだじゅう、彼女は夫の回復を祈り続けたのだそうです。彼女の両親も、夫の両親も、そして近所の人たちも、みんな祈りを捧げたのです。近所に住むプロテスタントの友人も教会の祈禱会で祈り、カトリックの友人も、絶望的な状態にある者のための守護聖人である聖ユダの取次ぎを求めたのです。ありとあらゆることばや形式の祈りが動員されましたが、どれひとつとして聞き入れられなかったのです。彼女の夫は予告されたとおりに、妻と幼い子供たちを残して死んでしまいました。すべてが終わってから、彼女は私に、どうして祈りを真面目に信じることができますか、と言いました。

祈りが答えられなかったというのはほんとうですか、と私は彼女にたずねました。ご主人は亡くなりましたし、奇跡的な治癒も起こりませんでした。でも、なにが起こったのでしょう? あなたの友だちや身内の人たちが祈りました。ユダヤ教の人たちも、カトリックの人たちも、プロテスタントの人たちも祈ったのです。孤独の極みに立たされたその時に、あなたは一人きりではないことを知ったではありませんか。あなたは、多くの人があなたのために心を痛め、あなたと共に傷ついたことを知ったのです。それはけっして小さな出来事ではありません。

みんなはあなたに、あなたがいけない人だからこんな目にあっているのではない、と告げようとしていたのです。ご主人の死は、だれもどうしようもない、不快で不公平なことでした。ご主人のいのちはあなたやお子さんたちにとって重要であっただけでなく、みんなにとっても大きな意味があったのです。そして、ご主人にどんなことが起ころうとも、あなたはまったくの一人ぼっちではないのだと、みんなしてあなたに言いたかったのです。そのことを、彼らは祈りを通してあなたに語っていたのだし、私は、その祈りによって状況はずいぶんと違ったものになったのではないかと思うのです。

あなたの祈りはどうだったでしょう、と私は彼女にたずねてみました。応答がなかったのですか？　あなたは精神的に今にもくずれそうな状況に直面していましたし、意地悪で世間を信じない女性になっていたとしても不思議ではありませんでした。夫婦そろって元気なまわりの家庭に嫉妬し、生きていくことさえできなくなっていたかもしれません。ところが、なぜかそういう事態にはなりませんでした。ともかく、もちこたえる力をあなたは見いだしたのです。もういちど立ち上がって生きていく力と、まわりのものごとに心を配る力を取り戻したのです。聖書のなかに書かれているヤコブのように、私たちだれもがいつかは経験するように、あなたも不安な状況に直面させられ、助けを求めて祈り、そして自分が思っていた以上に強く、上手に状況に対処している自分を見いだしたのです。

絶望にうちひしがれていた時、あなたは祈りのなかで心を開いたのです。そうしたら、いったいなにが起こったでしょう？　確かに、悲劇が回避されてしまうような奇跡を見ることはありませんでした。しかしあなたは、あなたのまわりにいる人びとを発見しましたし、あなたのそばにいる神を発見しました。そして、悲劇にもめげずに生き抜く力強さを、あなた自身のなかに発見したのです。これこそ、祈りが答えられたことの証しではないでしょうか。

8章

ほんとうの宗教

息子の死に教えられたこと

ある意味では、私はこの本を十五年間、書き続けているのです。「早老症《プロゲリア》」ということばを耳にし、その意味を告げられて以来、私は、いつかアーロンが衰弱し死んでいくのを見なければならない日がくることを知っていました。そして、彼の死後いつか、悲しみにうちひしがれながらもなお、私たちがどのように神を信じ世界を信じて生きてきたかという話を本にして、他の人びとと分かちあいたいという思いにかられるだろうということもわかっていました。

その本になんという題をつけたらいいのかはわかっていませんでしたし、なにをどのように語ればいいのか確信もありませんでした。しかし、書名扉の次のページには、アーロンへの献辞をかかげるということはわかっていました。私にはその献辞が記されたページを思い浮かべることができました。献辞の下には聖書からの引用句、すなわちダビデ王が幼い息子を失った時に語ったことばがはっきりと記されていました。「わが息子アブサロムよ。ああ、わたしが代わって死ねばよかったのに」。

そして、アーロンが死んで一年半が過ぎたある日、想像のなかの献辞のページが違ってきていることに気がつきました。自分が死んで息子が生きていてほしかったとダビデ王が願ったことばではなく、初めの子供を亡くしたあとでダビデ王が語ったことばが、心に浮かびあがっていたのです(本書では献辞に添えて、その一部を引用しました)。

しかしダビデは、家来たちが互にささやき合うのを見て、その子の死んだのを悟り、家来たちに言った、「子は死んだのか」。彼らは言った、「死なれました」。そこで、ダビデは地から起き上がり、身を洗い、油をぬり、その着物を替えて、主の家にはいって拝した。そののち自分の家に行き、求めて自分のために食事を備えさせて食べた。家来たちは彼に言った、「あなたのなさったこの事はなんでしょうか。あなたは子の生きている間はその子のために断食して泣かれました。しかし子が死ぬと、あなたは起きて食事をなさいました」。ダビデは言った、「子の生きている間に、わたしが断食して泣いたのは、『主がわたしをあわれんで、この子を生かしてくださるかも知れない』と思ったからです。しかし今は死んだので、わたしはどうして断食しなければならないでしょうか。わたしは再び彼をかえらせることができますか。わたしは彼の所に行くでしょうが、彼はわたしの所に帰ってこないでしょう」。

（サムエル記下第一二章一九―二三節）

そのとき、私は自分の本を書く時がきたことを知ったのです。私は自己憐憫を克服して自分の息子の死を直視し、受容するところにきていたのです。私はこんなに傷ついた、こんなに悲しい思いをしたと語るだけの本など、だれのなんの役にも立ちません。書くからには、それは人生に確信を与える本でなければなりません。痛みや失望のない人生など、だれも約束してくれないのだと語る本でなければならないのです。私たちに約束されていることがあるとすれば、私たちは苦しみのなかにあってひとり孤独でいるのではなく、人生の悲劇や不公平に負けないための力や勇気を自分の外に求めることができる、ということです。

アーロンの生と死を体験した今、私は以前より感受性の豊かな人間になったし、人の役に立つ司牧者になったし、思いやりのあるカウンセラーにもなったと思います。でも、もし息子が生き返って私の所に帰ってこれるのなら、そんなものはすべて一瞬のうちに捨ててしまうことでしょう。もし選べるものなら、息子の死の体験によってもたらされた精神的な成長や深さなどいらないから、十五年前に戻って、人を助けたり助けられなかったりのありきたりのラビ、平凡なカウンセラーとして、聡明で元気のいい男の子の父親でいられたら、どんなにいいだろうかと思います。しかし、そのような選択はできないのです。

私は神を信じています。しかし、今の私は、神学生だったころや子供だったころと同じことを信じているわけではありません。私は神の限界を認識しています。自然の法則のために、人間の進化や人間の道徳的自由のために、神になしうることには限界があるのです。今の私は病気、事故、天災といったものが神の責任だとは考えていません。神を責めることによって、得るもののあまりに小さく、失うもののあまりに大きいことを知っているからです。私には、苦しみを憎みながらもそれを取り除くことのできない神は礼拝できますが、どんな立派な理由があるにせよ、苦しんで死んでいく子供を創る神を礼拝することはできません。

何年か前、「神の死の神学」が一時流行したとき、車に「あなたの神には気の毒ですが、私の神は死んでいません」というバンパー・ステッカーが貼られていたのを覚えています。私のバンパー・ステッカーには、さしずめ「あなたの神には気の毒ですが、私の神は残酷な神ではありません」とでも書かれることになるのでしょう。

神は私たちに不幸をもたらしません。不幸は不運な巡りあわせによって、悪人によって、また、自然の法則のなかで生きている死すべき人間として避けることのできない自然の成り行きによってもたらされるのです。私たちにふりかかる痛みの体験は、私たちの誤った行いに対する処罰ではありませんし、神の壮大な計画の一部分などでもありません。人生の悲劇は神の意志によるのではないのですから、悲惨な出来事にみまわれたとしても、私たちは神に傷つけられたとか裏切られたとか感じる必要はありません。その苦しみを乗り越えるために、神に目を向け、助けを求めればよいのです。神も私たちと同じように憤りに震えているのですから。

目を上げて未来を見る

「それでは、私の苦しみには意味がないということなのでしょうか?」。この問いは、私がこの本で主張した見解に対する、もっとも意味深い挑戦です。

もし、そこになんらかの理由や目的があるなら、たいていの苦しみや失望は耐えられることでしょう。しかし、それほどひどい苦しみでなくても、もしどんな意味もそこに感じられないなら、それは耐えがたいことになってしまうのです。戦闘で重傷を負って軍人病院に入院している患者のほうが、バスケットボール・コートとかプールでふざけていて同じ傷を負った患者よりは、うまく自分の負傷と折り合いをつけているようです。なぜなら、少なくとも負傷の原因には意味や目的があったと、自分に言いきかせることができるからです。同じような意味で、子供の障害に対して、どこかになんらかの意味があると考えられる親は、置かれている状況を受け入れやすくなります。

聖書の出エジプト記の第三二章に記されているモーセの話をおぼえていますか。シナイ山から下りてきたモーセが、イスラエル人が黄金の牛を作って拝んでいるのを見て怒り、十戒の刻まれた石板を投げつけて、砕いてしまったという場面です。

それについて、ユダヤにはつぎのような言い伝えがあります。モーセは神が十戒が刻まれた大きな重い二枚の石板を手に、けわしい山道を下ったのですが、なんの苦労も感じませんでした。確かに石板は重かったのですが、つまるところ、神によって刻まれた石板であったし、モーセにとっては貴いものだったのです。言い伝えは続けて、しかし、モーセが黄金の牛のまわりで踊っている人びとのところまでやってくると、十戒のことばが石板から消えてしまいました。石板はただの石に戻ってしまったのです。そうすると、その石板はモーセにとってあまりにも重くなり、持っていられなくなってしまった、というのです。

自分のしていることに意味を見いだせるなら、たいていの重荷には耐えていけるものです。だとすれば、病気や不幸、そして家庭の悲劇というものは、神が自分自身の遠大な計画の一部として人に与えているのではない、という私の見解は、そういった苦難をますます受け入れがたくしてしまっているのでしょうか？

私たちにふりかかってくる不幸な出来事は、その発生時においてはなんの意味も持っていないのだと考えたらどうでしょう。それらはべつに、納得できるような道理などなしにやってくるのです。しかし、私たちのほうで意味を与えることはできます。私たちのほうで、それら無意味な悲劇に意味を持たせればよいのです。

私たちが問うべきなのは、「どうして、この私にこんなことが起こるのだ？　私がいったい、どんなことをしたというのか？」という質問ではないのです。それは実際のところ、答えることのできない問いだし、無意味な問いなのです。より良い問いは、「すでに、こうなってしまった今、私はどうすればいいのだろうか？」というものでしょう。

ワルシャワ・ゲットーとホロコーストを生き延びたマルタン・グレイが、自分の人生体験を『愛する者の名において』という本に書いています。

ホロコーストののち、どのようにして人生を立て直し、財を得、結婚し、子供たちを育ててきたかを彼は語っています。ナチの収容所での悲惨な体験ののち、人生は順調に進むかに思えました。ところがある日、山火事が発生し、彼の住む南フランスの家が焼け、妻や子供たちが焼け死んでしまったのです。グレイは、ふたたび自分をおそったこの惨事に苦しめられ、発狂寸前になりました。人びとは、火災原因の調査を要求するように彼をせきたてましたが、彼はそうするかわりに、残された自分の財産を投じて、このような火災から自然を守るための運動を始めたのです。

そのことについて彼は、調査や究明は過去に目を向けるものでしかなく、痛み、悲しみ、非難しか生み出さないと説明しています。彼は未来に目を向けたかったのです。調査に乗り出せば、だれかを責めることになりますし――「だれの不注意だったのか？　だれの責任なのか？」――、人を責め、悪者を見つけ出そうと企て、自分の悲しみの責任者を告発することは、孤独な人間をより孤独にすることでしかない、というのです。人生は、なにかに敵対して生きるべきものでなく、なにかのために生きるべきものなのだ、と彼は結んでいます。

私たちもまた、過去や苦しみに焦点を合わせる問い――「なぜ、この私にこんなことが起こったのか?」——から脱却し、目を未来に向ける問いを発すべきです。「現状はこうなのだ。私は、これからなにをすべきなのだろうか」と。

だれのための苦難か?

5章で引用したドイツの神学者、ドロテー・ゼレは、ナチ収容所のなかで、神は殺人者の側にいたのか犠牲者の側にいたのかという問題に答えたわけですが、彼女のことばを、またここで引用したいと思います。『苦難』という本のなかで彼女は指摘しています。「苦難についてのもっとも重要な問いは、それがだれのためのものか、ということです。私たちの苦難は神のためになるものなのか、それとも悪魔のためになるものなのか、つまり、私たちを生かす原動力となるものなのか、それとも道徳的麻痺状態に私たちを陥れてしまうものなのかが問題なのです」と。「この悲劇はどこから来たのか?」ではなく、「どこに私を連れていこうとしているのか?」が問題なのだとゼレは語っているのです。

これに関連して、ゼレは「悪魔の殉教者」ということを言っています。いったい、なにを意味しようとしているのでしょうか? さまざまな宗教において、信仰の証しを立てるために死んでいった人びとが神の殉教者として記念され、尊敬の対象になっていることとならよく知っています。死に直面しての彼らの信仰を思い出すことで、私たちの信仰も強められるようなとき、そのような人びとを神の殉教者というのです。

ところが、神や神の創られた世界への信仰が弱められるような、絶望と不信を生む殉教者もいます。もし、アウシュビッツ収容所の老婦人の死が、あるいは入院中の子供の死が、人びとの神に対する不信感を助長し、善なる世界への確信をぐらつかせるなら、その婦人や子供は「悪魔の殉教者」、つまり善を立証する者ではなく、神に敵対し人生の意義に反対する者となってしまうのです。

しかし(ゼレもこの点をもっとも強調しているのですが)、彼らを神の証人とするか敵対者とするかを決めるのは、彼らがどのように死んでいったかではないのです。それを決めるのは、彼らの死に対して私たちがどう反応するかなのです。

生と死それ自体は善でも悪でもない、中立的なものです。苦しみに対してどう反応するかで、苦しみに積極的な意味を与えることもできるし、否定的な意味を与えることもできるのです。病気、事故、悲劇は人を殺します。でも、人生や信仰まで殺されてしまう必要はないのです。愛する者の死や苦しみのために、私たちが意地悪で、嫉妬深く、あらゆる宗教に敵対し、幸せを知ることのない人間になってしまうとしたら、私たちはその人を

「悪魔の殉教者」のひとりにしてしまうのです。親しい人の死や苦しみを通して、私たちが自分の力や愛や快活さの限界を切り開いていき、以前には知らなかった慰めの根源を見いだすなら、私たちはその人を、人生を否定する者ではなく、人生に対する確信を証しする人にするのです。

つまり、亡くなってしまった愛する人に対して、私たちにはまだひとつだけできることがある、とゼレは言っているのです。彼らを生かし続けることはできません。たぶん、痛みを和らげてあげることさえできないでしょう。しかし、彼らの死後、彼らのためにできる重要なことは、彼らを神の証人、いのちの証人とすることです。絶望したり信仰を失ったりして彼らを「悪魔の殉教者」にしてはなりません。死者の罪のつぐないや永遠の生命は、私たちの生き方にかかっているのです。

なんのための神か?

ゼレのことばは、悲劇に直面して私たちはどうすれば肯定的に生きられるか、明確に語っています。しかし、それなら神の役割はいったいなんなのでしょうか? 善良な人たちにふりかかる災いは神からのものではないし、神にはそれらの災いを阻止することもできないのなら、神はいったいどんな役に立つというのでしょうか？

第一に、神は、災いよりも素晴らしいことのほうがずっと多い世界を創造した、ということがあげられます。人生における思いがけない不幸で私たちが取り乱してしまうのは、それが苦痛だからというだけでなく、それが例外的なことだからなのです。ほとんどの人がほとんどの朝、気持ちよく目覚めています。ほとんどの病気は治癒します。たいていの飛行機は無事に離陸し、着陸しているのです。ほとんどの場合、子供たちは外で遊び、無事に帰宅します。事故、強盗、そして手術不可能な腫瘍などは人生をめちゃくちゃにする例外的な出来事ですが、きわめて例外的な出来事なのです。

とはいえ、そのような例外的状態に置かれて傷ついた当人には、そんなふうに考えるのはむずかしいことだと思います。大きな物体のすぐそばに立ってそれを見ると、それしか見ることができません。少し後ろにさがってみて初めて、その物体の置かれている状況なども見ることができるのです。不幸にうちひしがれて呆然としている場合には、その不幸な出来事しか見ることができませんし、感じることもできません。時間と距離を置いて悲劇を見るとき初めて、私たちは長い人生や広い世界との関係のなかで、自分をおそった悲劇について考えることができるのです。

ユダヤ教の伝統のなかに、「服喪者の祈禱《カディシュ》」として知られる特別な祈りがあります。これは死についての祈りではなく、いのちについての祈りであり、基本的には住みやすい善なる世界を創造した神を賛美する祈りなのです。この祈りを朗唱することによって、喪に服する者は善きものすべて、生きるに値するものすべてを、いまいちど思い出すのです。

最善ばかりを求めて悲しい出来事をいっさい拒否する生き方と、悲しみを人生の営みのなかでとらえ、失ってしまったものに心を奪われることなく、自分のなかの豊かにされた部分に目や心を向ける生き方との間には、決定的な相違があるのです。

殺すことも癒すこともないのなら、神が存在することで、私たちの人生にどんな影響があると言うのでしょうか？

神は、人びとの心を奮い立たせて、人生に傷ついている人を助けさせます。それによって、傷ついた人びとは孤独感や、見捨てられたという思いや、そして裁かれているという思いから守られるのです。神は、人びとの心に医師や看護師になりたいという願いを抱かせ、生命を支え苦痛を軽減するために、お金には換算できない犠牲的な関心と昼夜を分かたない努力へと向かわせるのです。神は人びとの心にはたらきかけ、知能と情熱を傾けて、病気の原因やその治療法を探究する医学者になりたいという願いを起こさせます。

私が少年のころ、ニューヨーク市で一年を通してもっとも快適な季節は初夏でした。しかし、小さな子供のいる家庭にとっては、小児麻痺が流行するために、不安で恐ろしい季節でもあったのです。しかし、人間は神から与えられた知性を用いて、そうした恐れを取り除くことに成功しました。人類の歴史のなかには、都市を全滅させるような疾病や流行病もありました。一人でも二人でも無事に成人させるためには、子供は七、八人産まねばならないと考えられていた時期もありました。人間の知性は公衆衛生、細菌、免疫、抗生物質などに関する自然の法則をより良く理解するにいたり、多くの苦しみや災いの原因を断ち切ることに成功してきたのです。

悲惨な出来事を起こすことも防ぐこともない神は、人にはたらきかけ、人を助けようとする心を奮い立たせることで、私たちを助けているのです。ハシディズム〔敬虔主義を重んじるユダヤ教の一派〕を信奉する十九世紀のラビが述べているように、「人間は神のことば」なのです。神はガンや生まれながらの病に対して異議をとなえる方法として、それを取り除いたり、悪い人だけにそれが起こるようにするのではなく（神にはそのようなことはできません）、苦しむ人の重荷を軽くし、虚しくなった心を満たすべく、友人や隣人の心を奮い立たせるという方法をとるのです。

私たち一家は、アーロンが病気の間、思いやりと理解を示してくださった人びとによって支えられ、励まされました。アーロンの体格に合った小型のテニス・ラケットを作ってくれた男の人、家宝にしていた手づくりの小さなバイオリンをくれた女性、野球のレッド・ソックスのサインをもらってきてくれた友人、そして、アーロンの外見や身体的限界を気にせず、特別扱いもせずに、いっしょに裏庭でスティック・ボールをして遊んでくれた子供たち。そうした人たちこそ「神のことば」だったのです。神はその人たちを通して、私たち一家に、孤独ではないし、見捨てられたのではないことを語ってくれていたのです。

同じように、アーロンもまた、神の目的のために生きたのだと私は確信しています。病気であったとか、奇妙な姿であったとかいうことによってではなく(神がとくにそういうものを求める理由などありません)、自分の病気や外見によるさまざまな問題に勇敢に立ち向かって生きることによって、アーロンは神のために生きたのです。限りある生命のなかで精いっぱい生きていたアーロンの勇気と生き方を目のあたりにして、友だちやクラスメートたちが影響を受けたことを、私は知っています。また、私たち家族のことを知っている人が、私たちの例に倣って、自分たち自身の困難や不幸に対して勇気と希望をもって立ち向かっていったことも、私は知っています。それらのことは、神がこの地上において人を助けるために人の心を動かしておられることの証しだと、私は理解しています。

神の行為

最後に、「神はなんの役に立つのか？　正しい人も悪い人も同じように苦しむのだとしたら、だれが宗教なんか必要とするだろうか」と問う人に、答えましょう。神は悲惨な出来事を防ぎはしないでしょうが、不幸を乗り越えるための勇気と忍耐力を与えてくれるのだ、と。以前には持ちあわせていなかったそれらの能力が、神以外のどこから得られるというのでしょうか？

四十六歳の有能なビジネスマンをおそって自重を余儀なくさせるような心臓発作は、神が与えたものではありません。自分にとってほんとうに大切なものはなにかということをその人に気づかせて、生活習慣を改め、タバコをやめ、事業の拡張よりも家族と共にいる時間をもっと増やそうと決意させるのが神のはたらきなのです。神が心臓発作を起こすのではありません。それは、体にストレスがかかりすぎたための自然の反応なのです。人が自らを律し、家族の一員となることを助けることが神の業《わざ》なのです。

保険会社にとっては、町全体を押し流してしまうような洪水は「神の行為」とみなしておけば都合がいいのでしょうが、それは断じて「神の行為」ではありません。人が身の危険もかえりみずに見知らぬ人を救おうと力を尽くしたり、洪水の引いたあとで自分たちの町を再建しようと決断することこそ神の行為なのです。

人がガンで死につつある時、その人のガンや痛みの責任は神にはありません。別の原因があるのです。しかし、私は神が、そういう人に一日一日を生きていく力を与え、太陽が輝く美しい日を喜び、比較的痛みの少ない日に感謝して生きられるようにするのを見てきました。

とりたてて強い人ではなかったのに逆境に直面して強くなったり、自分たちのことばかり考えていた人が緊急事態に遭遇して利己的でなくなり、英雄的な行為をとることがあります。その人たち自身も認めていることなのですが、以前には無かったそのような能力をどこから得るのだろうと、私は不思議でなりません。私の答えは、それは、私たちが能力の限界を超えて苦しんでいる時、神が私たちを助けてくださる方法のひとつなのだということです。

人生は公平なものではありません。どうしてあの人がと思うような人が病気になり、強盗にあい、事故や戦場で殺されていきます。ある人は人生の不公平を感じ、「神などいないのだ。世界は無秩序以外のなにものでもない」と決めてかかります。また、ある人は、同じ不公平を見て、自らに問うています。「公平や不公平という感覚を、私はどこから得たのだろう？　見知らぬ人の不幸を新聞で読んだときに感じる怒りや義憤、本能的に感じる同情などは何に由来するのだろうか？　そのような感性は神からのものではないのだろうか？　ちょうど、聖書に登場する預言者たちになさったのと同じように、私の心の中にも神は、不正や抑圧に対して怒りを覚える神御自身の神性のほんの一部を植えつけてくださったのではないのだろうか？　苦しんでいる人に対する私の思いやりの感情は、神が被造物の苦しみを見るときに感じる哀れみの反映なのではないだろうか？」。人生の不公平に対して私たちが抱く同情や義憤は、神の愛や神の怒りが私たちを通して現われたものであって、神の存在を示すもっとも確かな証明なのではないでしょうか。

宗教のみが、嘆き悲しんでいる人に対して、自分の存在価値をしっかりと確認させてあげることができます。科学は、その人になにが起こったのかを説明することはできますが、宗教だけがそれを悲しみと呼べるのです。神を正当化したり弁護しなくなったとき、宗教の声だけが苦しんでいる人に語りかけることができるのです。「あなたは正しい人だ。あなたには、こんな出来事はふさわしくない。あなたが一人ぼっちでないことを知るために、私をあなたのそばに座らせてください」と。

どうして正しい人に不幸が訪れるのか――この問題を、だれも避けて通ることができません。悲しみの当事者として、家族の一員として、あるいは慰めにおもむく友人のひとりとして、いつの日か私たちは、ヨブ記のなかのだれかの役を演じることになるのです。この問いはけっして変わることはありません。満足できる答えの探究はいつまでも続くのです。

現代のヨブ記

私たちと同世代のアーチボルド・マクリーシュという才能豊かな詩人が、現代の状況に置き換えてヨブの物語を描きました。『J・B』と題する彼の詩劇の前半は、ヨブ記が下敷きになっています。ヨブを思わせる人物J・Bは、成功した実業家で、魅力的で愛情豊かな家族にも恵まれています。ところが、子供たちが一人、また一人と死んでいくのです。事業は失敗し、健康も損なわれてしまいます。ついには彼の住む街、それどころか世界の大半までが核戦争によって破壊されてしまうのです。

聖書のヨブ記と同じように、三人の友人たちがJ・Bを〝慰め〟にやってくるのですが、彼らのことばもまた、慰めのためではなく、自分の立場の押しつけでしかありません。

マクリーシュの物語では、最初の友人はマルクス主義者で、J・Bの苦しみの責任はJ・Bにはまったくないのだと断言します。運悪く、悪い時代に悪い階級に属していただけだと。J・Bは資本主義の衰退期における資本家だったのだ。別の時代に同じような人生を生きていたら、このような処罰を受けることはなかっただろう。J・Bは自分の罪のために苦しんでいるのではないのだ。ただ、歴史の必然に押しつぶされただけなのだ、というわけです。J・Bはこうした見解からは慰めを得られません。それは、J・Bもある階級の一員とみなすだけで、J・Bの個人的な悲しみを問題にしていないからです。

二番目の友人は精神科医です。J・Bには罪はない、なぜなら罪などというものは存在しないのだから、と彼は語ります。私たちはなにが人の性格をゆがめてしまうのか知っている、つまり、自分で悪い人間になることを選択している人などいないことを知っている。実際のところ、私たちは本能に従っているだけなのだ。私たちは行動しているのではなく、動かされているにすぎない。だから、私たちには責任はないし、罪もないのだ、と言うのです。

J・Bは、自分を盲目的な本能によって動かされる犠牲者とするような考え方は、自分の人間性を奪いとるものだと答えます。「人間性を冒瀆するきみの考え方を受け入れてまで、自分をきれいにしようとは思わない。それよりも、神の与える言語に絶する苦しみのすべてを受けとめよう。行為するのは私であり、選択するのも私なのだ」。

三人目、最後に慰めにくる友人は聖職者です。J・Bが、これほどまでに苛酷な罰を受けねばならない自分の罪とはいったいなんなのか、とたずねると、その聖職者はこのように答えます。「それは単純なことなのです。あなたは人間として生まれました。あなたの過失？　人の心は邪悪なのです。あなたがいったいなにをしたのかですって？　人間の意志は邪悪なのです」。つまり、J・Bは罰を受けるにふさわしい罪人だが、それはJ・Bがなにか特別なことをしたからではなく、彼が人間だからである、というのです。人間というのは不完全であるのが当然で、罪深いものであると。

J・Bは答えます。「あなたの慰めのことばが、みんなのなかでいちばん残酷だ。万物の創造主を人間の創造に失敗した者とするとは。人間とは、処罰の対象となる罪人でしかないのか」。人間を欠点あるものとして創造し、その欠点のゆえに処罰するような神に対して、J・Bは助けや慰めを求めることはできません。

慰めにきた三人の説明をすべて拒絶したJ・Bは、神に直接抗議するのですが、聖書の物語と同じように、竜巻の中から答えてくる神の荘厳さに圧倒されてしまいます。

ここまでは、マクリーシュの物語は、聖書のヨブ記を現代的状況に置き換えたものです。しかし、彼の結末は聖書のそれとは著しく異なっています。聖書では、苦しみの代償として、神がヨブに新たな健康と財産と子供たちを与えたところで物語は終わっています。この戯曲では、最後の場面に、神からの報奨はありません。そうではなくて、J・Bは妻のもとへ帰っていき、二人でもういちど生きていく決意をし、新しい家庭を築いていくのです。神の寛大さではなく、彼らの愛が、死んでいった子供たちに代わる新しい子供たちをはぐくんでいくのです。

愛するということ

J・Bは神を赦し、自分の人生を生きていくことに専念します。彼の妻は言います。「あなたは正義を求めていたのね。正義など、どこにもなかった……あるのは愛だけ」。神の考えと悪魔の考えを語る二人のナレーターは、狼狽してしまいます。これほどまでに苦しい人生を生きた人が、どうしてもっと生きていようと思えるのだろうか、というわけです。「主人公はだれなんだ。神かそれともJ・Bか？　神とは人間に赦してもらうような、そんな存在なのか?」「そうじゃないとは言わせない。覚えているだろう、ヨブにはまったく罪はなかったのだ」。

マクリーシュのヨブは、人間の苦悩という問題に対して、神学や心理学ではなく、生き続けて新しい人生を築きあげようと選択することで答えたのです。彼は、正義が貫かれる世界を創らなかった神を赦し、あるがままの世界を受け入れる決心をしたのです。世界に正義と公平を求めることをやめ、愛を求めたのです。この戯曲の終りに、ヨブの妻が言うことばは感動的です。

教会のろうそくは消え、
夜空の星もまたたかない。
心の灯をともしましょう、
そうすれば、やがて見えてくる……

大切にしていたものすべてが破壊されたこの世界は、J・Bと妻にとって冷酷で不公平なところです。しかし、不公平な世界や人生に負けてすべてを投げ捨ててしまうのでなく、答えを教会や自然といった外に求めるのでもなく、彼らは自分の中の愛の力に目を向けるのです。「心の灯をともし」、小さなあかりと温かさを育てるなら、お互いに支えあい励ましあうことができるのだと。

ネイエム・N・グフーツァが編集した『ヨブの深みへ』という本のなかに、マクリーシュの一文が収められていますが、彼はそのなかで、自分の書いたヨブ戯曲の最後でなにを言おうとしたのかを説明しています。「人間はすべてを神により頼んでいますが、神は一つのことで人間を頼みとしています。人間の愛なくして、神は唯一の創造主である神として存在することができないのです。だれも人に愛を命じることはできない。たとえ神御自身でさえもできないのです。愛は自由意志に任された賜物です。さもなければ、まったく無意味なものでしかありません。苦しみのなかにあるにもかかわらず、不義の世にあるにもかかわらず、そして死にもかかわらず示される時、愛はもっとも自由であり、あるべき姿であると言えるのです」。

私たちは、神が完全な存在だから愛するのではありません。ふりかかる不幸や悪から私たちを守ってくれるから神を愛するのでもありません。神を恐れているからでも、背くとひどい目にあわされるからでもないのです。私たちが神を愛するのは、神が神であるから、つまり美と秩序の創造者であり、私たちの力と希望と勇気の源であり、私たちに必要な助けを与えてくれる人びとの力と希望と勇気の根源だからなのです。私たちが神を愛するのは、私たちは神あればこその私たちであり、この世界も神あればこその世界だからなのです。

これが愛するということの意味なのです。愛は完全無欠を賛美することではなく、欠点のある人を欠点にもかかわらず受け入れることなのです。不完全な人間を愛し受け入れることによって、私たちはより善い人間、より強い人間になっていくのです。

答えの発見

なぜ正しい人に不幸がおとずれるのか、という問いに、答えはあるのでしょうか？　それは、「答え」ということばのもつ意味にかかっています。もし、「そこには納得のいく説明があるのだろうか？」——なぜガンなどがあるのか？　どうして私の父がガンにかかってしまったのか？　どうしてあの飛行機が墜落したのか？　どうして私の子が死んでしまったのか？——という意味であれば、満足のいく答えはたぶん見つからないでしょう。月並みな説明はできるかもしれませんが、最後の最後で、すべて説明できたと自分の賢明さを誇りに感じるその時に、痛みや苦悩、それにぬぐいきれない不公平感が自分の内に確かに存在していることに気づくのです。

しかし、「答え」ということばには、「説明」ということと同時に、「応答」という意味もあります。その意味でならば、人生の悲劇に対して、たぶん満足のいく答えが見つかることでしょう。それは、マクリーシュによる聖書物語のなかのヨブの応答です――完全でない世界を赦し、そんな世界を創った神を赦し、人びとに手をさしのべ、そしてなにがどうあろうと生き続けていくことなのです。

ついに、どうして正しい人に不幸がおそいかかるのか、という問いはそれ自体、まったく異なる問いにかたちを変えてしまいました。どうして起こったのか、ではなくなり、どのように応答すればよいのか、こうなってしまった今、なにをするのか、を問うことになったのです。

失望させられる不完全な世界、こんなにも不公平や残虐、病気や犯罪、天災や事故の多い世界を、あなたは愛をもって赦し、そして受け入れることができるでしょうか？　そんな世界の不完全さを赦し、それでも大いなる美と善があるのだからと、これが自分にとっての唯一の世界なのだからと、愛することができるでしょうか？

あなたのまわりの人びとが、その不完全さのゆえにあなたを傷つけ失望させたとしても、あなたは彼らを赦し、愛することができるでしょうか？　完全な人間などどこにもいないのだし、愛せないなら孤独になるだけなのだからと、あなたは不完全な人びとを赦し、愛することができるでしょうか？

神は完全ではないと知った今でも、あなたは神を赦し、愛することができるでしょうか？　不運や病気や残虐が存在する世界を創り、それらがあなたをおそうのを防ぐことができない、傷つけ失望させる神を、あなたは赦し、愛することができるでしょうか？　あなたの両親はあなたが必要とするほどには賢くも、強くも、完全でもありませんでしたが、あなたは彼らを赦し、愛することを知りました。そのように、あるいはヨブのように、限界があるにもかかわらず、あなたは神を赦し、愛することを知るようになれるでしょうか？

もし、あなたにそれができるならば、赦すことと愛することは、完全には多少欠けるところのあるこの世界で、私たちが十二分に、勇気をもって、そして意味深い人生を生きるために、神が与えてくださった武器であるということがわかるのではないでしょうか。

私は、アーロンとアーロンの人生が教えてくれた
すべてのことを思い起こす。
なんと多くを失い、なんと多くを得たことか。
昨日の痛みはやがて去りゆくだろう。
そして、私は明日を恐れない。

謝辞

考えていることを本に書いていくというのは、時間のかかるやっかいな作業です。私の場合、多くの人びとに助けていただきました。ショッケン・ブックスのアーサー・H・サミュエルソンは支援を惜しまない編集者でした。最初から最後まで変わらなかったその熱心さのおかげで、私は書き、そして書き直すことができました。書き直しのための彼の指摘は、ことばでは尽くせないほどの助けになりました。

私の司牧したニューヨーク州グレート・ネックとマサチューセッツ州ナティックの二つのコミュニティのみなさんは、私の説教を聞いてくださり、さまざまな問題の相談に来てくれました。また、アーロンの人生と死を私ども家族と共有してくださいました。その助けがなければ、この本はけっして完成することはなかったでしょう。この本のすべての事例は私のラビとしての経験によるものですが、すべて複数の体験を重ね合わせたものであって、特定の個人のことを書いたのではありません。

幾人かの親しい友人が、いろいろな段階でこの本の原稿を読んでくれました。そのアドバイスや指摘にも感謝します。

しかし、それらのだれにもまさって、アーロンの人生と死をもっとも身近に分かちあった妻スゼット、そして娘のエイリエルに感謝するものです。私の思い出は彼女たちの思い出であり、そして、願わくは、私の慰めは彼女らの慰めでありますように。

一九八一年　マサチューセッツ州ナティクにて

ハロルド・S・クシュナー

訳者あとがき

今から十数年前、私はアメリカのアトランタ市にあるエモリー大学の神学部で学んでおりました。神について、愛について、あるいは人間について、私を含めて神学生たちはみな、知的に理解し解釈する作業に明け暮れていたのですが、「心の通わない牧師はいらない」というわけで、エモリー大学の神学部では最低三か月の臨床牧会訓練が必須課目のなかに入っていました。

臨床牧会訓練といいますのは、病院でカウンセリングや教育に携わっている牧師（チャプレン）のもとで、実際に患者さんやその家族の人たちを訪問しながら、牧師あるいはカウンセラーとしての教育を受けるというものです。

この臨床牧会訓練の基礎訓練に入ってまもなくのことでしたが、私は受け持たされた病棟で、三十歳を過ぎたばかりの体格のいいひとりの男性の患者さんに出会いました。元警察官のこの患者さんは、休日に夫人を真新しいオートバイの後部座席に乗せてドライブを楽しんでいたのですが、急に飛び出してきた車を避けようとして転倒、首の骨を折り重体となりました。

警察官としてさまざまな事故を目のあたりにしてきた彼は、つねづね、「もし自分が、こうした事故にあって身動きひとつできないような状態になったら、いっさいの延命措置はしないでほしい」と夫人と話し合っていました。夫人もそのことに同意をしていたのです。しかし、現実にそのことが起こった時、夫人は二人で話し合って決めていたことに反して、無意識状態に陥っていた彼のいのちをとりとめることに努めたのです。いのちはとりとめましたが、まばたきとことばをしゃべる以外には、自分では体ひとつ動かすことができなくなってしまったのでした。夫人は、二人のあいだのたった一人の娘を連れて、彼のもとから去ってしまいました。

「たとえ手もとにピストルがあったとしても、私にはそれを持ち上げて自分で死ぬこともできない。今、いちばん欲しいのはピストルと、その引き金をひくことのできる力だ。それだけでいいから欲しい」。それが彼が私に語ったことばでした。

その日から、毎日、彼の部屋を訪れる私に、彼がなげかける問いが、「なぜ、この私が……」、「街の人びとの安全のために、日夜危険を冒して働いてきた私なのに、どうしてこんなことが私の身にふりかかるのか」ということばでした。

その後、十数年の間、私はほとんどの期間を病院のチャプレンとしてすごしました。さまざまな患者さんや家族の人たちと出会いましたが、ほとんどといっていいくらいの人が、この元警察官の男性と同じ問いを、私たちチャプレンになげかけてきます。

こうした思いのこもったことばを聞き続けてきたのは私だけではありません。今年の三月の末まで、足かけ二年、私は臨床牧会訓練の学生たちを指導する立場で、アメリカのミネソタ大学附属病院に行っておりましたが、訓練を受けた学生のすべてが、「どうして、この私に……」という患者さんや家族の問いに直面し、自らの無力感と悲しみを体験していました。つまり、病院で働くほとんどすべてのチャプレンたちは、こうした問いの前に立たされているのです。

近ごろ、ホスピスやターミナル・ケア(末期患者の介護)ということばや概念が、わが国においても語られるようになってまいりました。そうしたなかで、患者さんや家族のもつ身体的な痛み、社会的な痛み、心理的な痛み、そして宗教的な痛みについて学び、対応していかねばならないということが語られるようになっています。

ところが、「宗教的な痛み」とはいったい何ですか、とたずねられることがしばしばあります。今まで述べてきたような、「どうして、この私に……」といった問いが、「宗教的な痛み」のなかに含まれているというより、宗教的な痛み(スピリチュアル・ペイン)そのものだと、私は考えています。日本人には宗教的な痛みはない、と主張する人たちもいるようですが、けっしてそんなことはありません。

日本でも、ガンでご主人を亡くしたある婦人と話しておりましたら、長い看病の間「どうして、私ばかりが……」という思いが、たびたびわき起こったと話しておられました。また、東京のある病院に入院しておられた、ある男性のガン患者さんは、お見舞いに訪れた奥さんに、「私が、いったいどんな悪いことをしたというのだろうね」と、淋しそうに話されたそうです。

アメリカで訓練を受けていた学生たちは、「なぜ、私だけが……」という問いをなげかけられて無力感を覚え、とまどい、ときには自信を失っていったということを述べましたが、それと同じことが、日本の若い医師や看護師との話し合いや研究会の場でもうかがえます。

両方の国の学生たちがとまどい、無力感を覚えるのは、この問いの根底に(ことばの強さや表現、そして問いをなげかける人の雰囲気は異なりますが）、人生の不条理に対する「怒り」が込められていることを感じるからだと、私は考えています。つまり、彼らは人生の不条理や不公平さに対する「怒り」にどう対応していけばよいのかわからずに困っているのです。

「怒り」に否定的なものを感じ、恥だと思って育ってきた私たちは、「怒り」を表に出すことを良しとしないで生きています。また一方で、「怒り」を表現する人に対して、いかに語りいかにかかわるかがわからないままに暮らしているのです。ですから、不条理のなかにいる患者さんやその家族の人たちが当然の「怒り」を表現する時、その怒りにどう対応したらいいか知らない私たちは、それから遠ざかったり、触れないでいようとしたり、逃げ出したりするのではないでしょうか。

この本の著者クシュナーも、この「怒り」について書いています。人間としての当然の「怒り」を恥じたり、罪意識のゆえに胸の中に閉じ込めてしまうのではなく、表に出しなさい。そして友人たちは、その「怒り」を裁いたり批判したりしないで、受けとめてあげなさい。そこから「共に生きる」ことが始まるのです。クシュナーはそう語っているのです。

じつは、最初に紹介した元警察官の患者さんも、私が初めて彼の部屋を訪れた時、「きみたち病院の人間は、ぼくをこうして生かし続ける権利があるのか！」という強い怒りのことばを口にしました。チャプレンとしての訓練に入ったばかりの私は、その「怒り」にとまどい、語るべきことばがありませんでした。ただ、病院や病院のスタッフのひとりとしての自分を弁護するだけだったのです。

そのことはますます彼をいらだたせ、彼の悲しみを増すものでしかありませんでした。そのころの私は、病院や病院のスタッフを弁護し正当化することが、彼の「怒り」を裁いていること、つまり彼を裁いていることだということに気がついていなかったのです。その後、彼が「今は考えが変わって、ピストルを欲しいと思わなくなった。このままでも生きていて楽しいと思えることがあるのがわかったよ」と笑顔で語ってくれるまでには、約二か月の日々が必要でした。

患者さんや家族の人たちは、「答え」を求めて「怒り」の問いをなげるのではありません。著者クシュナーが指摘するように、受けとめてくれる人、わかってくれる人、いっしょにそばにいてくれる人を求めているのです。悲しむ人のそうした心を、また、その悲しみや怒りにどう対応していけばいいかを、そして、そうした関わりを通して、人びとはそれぞれの心の構えで見ていた不公平で不条理な自分の「どうして、私だけが……」という人生と「和解」することにつながっていくことを、これほど見事に語りかけてくれた本に出会ったのは初めてです。

私の親しくしている友人に、ワシントン大学の看護学部の教授がいます。彼女は「患者のもつ痛み」についての研究を早くから手がけ、その方面のパイオニア的存在ですが、彼女の初期の論文のひとつにつぎのようなことが書かれています。

ある日、彼女が末期の患者さんを訪れて、「あなたの痛みについて聞かせてください」と言ったときのことです。その患者さんは、こう問い返したというのです。「痛みについて話せとおっしゃるけれども、私の体をむしばみ私のいのちを奪おうとしている病気による痛みのことなのか、それとも、大切な娘に先立たれた人生の痛みのことなのか、それとも、こうして毎日一人ぼっちで病院のベッドに横たわり、訪ねてくれる人もいない淋しさについての痛みのことなのか、どの痛みを話せというのですか?」。

この患者さんの痛みについて、一番日の肉体的な痛みについての答えや対応は、今日の医学知識や技術の進歩によって可能になっています。しかし、一番目や三番日の「怒り」

や、「なぜ、この私ばかりが……」という痛みについては、アメリカでも日本でも、まだまだしっかりとした対応ができずにいるのではないでしょうか。

私たちは、病気でない人のなかにも、不条理に「怒り」を覚え、「なぜ、この私だけが……」と一人で苦悩し、痛みに耐えて生きている人たちが多くいることを知っています。そうした人たちと共に生きていくために、あるいはそうした人間のひとりである私たちがふたたび勇気をいだいて生きていくために、この本が読む人に光を与え、力を与えることを願ってやみません。

ミネソタ大学附属病院で学生の指導にあたっている間、病院までのバスのなかで多くの学生や職員がこの本を読んでいました。私の受け持っていた学生のほとんどは読んでおりましたし、セミナーの時間、個人面接の時間に、この本の主題が話題になりました。そして、多くの学生がこの本の見解に共鳴し、勇気づけられ、病床の患者さんやその家族の人たちの訪問に出かけていったのです。

悲しみや苦しみに遭遇し、人生の痛みをいだきながら生きている人たち、日々の淋しさのなかに痛みを覚えつつ生きている人たち、そうした人たちの痛みや嘆きを理解し、受けとめ、「心の灯をともし」て共に生きていくことのできる人が増えていったら、どんなに素晴らしいことでしょうか。この本を訳しながら学んだことを大切にして、生きていこうと思います。

本書は、*When Bad Things Happen To Good People*, Schocken Books（『善良な人に悪いことが起こるとき』）の全訳です。聖書からの引用は原則として日本聖書協会発行の口語訳聖書に基づきましたが、抜粋や強調のされ方によっては、いくぶん手を加えたところもあります。

著者ハロルド・S・クシュナーは、マサチューセッツ州ナティクにあるTemple Israelのラビですが、本書出版後は、ターミナル・ケアやホスピスに関連したセミナー、シンポジウムなどにも招かれることが多くなっているようです。著書は本書のほかに、*When Children Ask About God*（『子供が神様についてたずねるとき』）という本が同じ出版社から発行されています。

本書はアメリカでは、出版後三年で約十六万冊もが読者の手に渡っていると聞いています。また、八か国語に翻訳され、世界中の人びとに読まれています。

この素晴らしい本の翻訳に携われたことは、私にとってこのうえもない幸せでした。

翻訳原稿の整理に快く助力してくれた妻・若林一美、ミネソタと東京という空間的にも時間的にも離れたなかで、この本の大切さを共有し支えてくださったダイヤモンド社の御立英史氏、また翻訳の機会を与えてくださった聖路加看護大学学長の日野原重明氏に、心から感謝の意を表します。

一九八五年初秋

斎藤　武

岩波現代文庫版に寄せて

この本の著者のハロルド・クシュリーは、三歳で「早老病《プロゲリア》」という難病にかかり十四歳で夭逝した長男アーロンと共に暮らし生きるなかで、「なぜ、私の家族だけにこんな不幸がおそいかかるのか」という存在への不条理を繰り返し自問し、その問いに対して自分を正直に見つめ直して、死という悲しみの極みを前にして無力な存在でしかない人間が、それでも神と人を信じ生きていく根拠を確信するに至った、心からの告白としてこの本を書きました。

正直な心からの「告白」ほど、人の心に深い感動や共感を与えるものはありません。ですから、一九八〇年代の初め、この本が出版されるとすぐに全米でベストセラーになっただけでなく、世界八か国で翻訳され、ホスピスなどで働く医療関係者たちの必読書になったのもうなずけます。そして今こうして新しく岩波現代文庫に加えられることになった現在、世界十四か国で翻訳されており、多くの読者に生きる勇気を与え続けている書物であることは間違いないように思います。

また、クシュナーは本書に続き多くの著作をものし、『現代のアダムとエバへのメッセージ』(松宮克昌訳、サンパウロ)、『主はわれらの牧者』(同)、『ユダヤ人の生き方』(同訳、創元社)などが日本語に翻訳されています。いずれも人間への温かいまなざしを感じさせ、著者クシュナーの人柄がにじみ出ている書物となっています。

そのような実績から、一九九五年には「過去五十年間に世界をよりよくさせた五十人」に授与されるクリストファー賞を受賞していますし、一九九九年には「アメリカの暮らしの中の宗教」団体が、その年最も活躍した聖職者としてクシュナーを選んでいます。

ところでクシュナーがこの本で伝えたいことは、人間というものは見せかけの言葉で自分を正当化し偽りの幻想を抱いて生きるのでなく、苦しみも悲しみの時も、現実を直視し現実の自分を正直に生きる、その大切さではないかと思います。幻想のなかには、本当の喜びも安らぎもないのではないでしょうか。ありのままに生きることの大切さを、理屈や理論ではなく心で培ってきたからこそ、人びとに感動と共感を呼び覚ましてきたのだと思います。

私は、アメリカのエモリー大学神学部での学びを終え、病院でカウンセリングにかかわる牧師(チャプレン)として、さまざまな人間の苦しみや悲しみ、喜びや安らぎに接してきました。「なぜ、私だけが！」という患者さんの心からの叫びに、自分の心も壊れてしまいそうな日々の連続でした。そして、今、つくづくと感じることは、洋の東西、信仰の有無にかかわらず、人は自分の「存在の根拠」を確信できないと生きていくのが苦しいということです。小児病棟でも、精神科病棟でも、ガン病棟でも、糖尿病患者などを抱える内科病棟でも、患者さんやその家族の人たちの問いは、つまるところそれぞれに「存在の根拠」を求める苦悩に他なりません。

四十歳になったばかりの女性で、ご主人と二人の息子を残して亡くなっていった人がいました。彼女は死の数週間前に医師に対して、「先生はやさしくて良い先生だけれど、先生のしていることは痛みを取るだけの小手先のことでしょう。私の病気はガンの末期で治らないのです」と言葉をぶつけ、また心理カウンセラーに対しても「心や心理なんて朝・昼・晩と変わるのです。そんなすぐに移ろいゆくものをあれこれと分析しても、私にはなんの助けにもならないのです。そんなものではなく、私が苦しんでいるのは、なぜ、この子たちを残して死んでいかねばならないのかということなのです」と、心理学では到達できない、苦しい胸の内を訴えていました。

また、ある男性は「身体が死ぬのは怖くない。それより実際のところ、私の身体はもう死んでいるのですよ。だって私の肝臓はもう機能していないでしょ。その死んでいる身体に医師やナースはあれこれとやっているのですが、生きているのは私の精神なのですよ。この機能しない死んだ身体をどうしてよいかわからず、それが怖いし、苦しいのです」と話していました。

あるいは、身体的な痛みがひどくて、ベッドから出ることのできなかった患者さんが、車イスで動けるようになって、「今の方がつらい。自分で動けるようになったし、多少食べられるようになったけれども、どうせあと一週間か二週間、長くても一か月もしたら死んでしまうでしょう。死ぬのを待っている日々に何の意味があるのかと思うと、ただただ空しい」と切々と語っていました。

末期の患者ばかりではありません。糖尿病や他の慢性疾患を抱えて生きている患者さんたちも、「何のために血糖のコントロールをしなければならないのか。生きていても何もいいことがないのに」とか、合併症で足を切断された患者さんや失明してしまった患者さんにも「生きていても何もできないし意味がない。早く死にたい」と泣きながら暮らす人がいました。

これらの言葉はみな、それぞれの直面する情況のただなかで、自分の「存在の根拠」を求めてもがき苦しんでいるゆえではないでしょうか。人が一人でこの問いを問うときほど、孤独で淋しいことはないと思います。

病いを抱える人や思いもよらない不幸にみまわれ苦しんでいる人だけでなく、自分もまた弱く無力で孤独な人間の一人であることを受け入れ、正直に内面の道(spiritual journey)を歩み続けることができれば、クシュナーが示唆するように、苦しみの中でも一人ぼっちではないという喜びや生きる勇気を獲得することができるのだと信じます。

この本を読んで、それぞれの方が「存在の根拠」を確信し、勇気をもって生きていける機会になればこの上ない倖せです。

最後になりましたが、著者クシュナーの人間に対する温かい姿勢に心を止め、長い間絶版になっていたこの本を再度出版するために尽力してくださった岩波現代文庫編集部の大山美佐子さんに心からの謝意を表します。

二〇〇八年二月

斎藤　武

本書は『ふたたび勇気をいだいて――悲嘆からの出発』(ダイヤモンド社、一九八五年九月)として刊行された。底本には同書を改題した同時代ライブラリー版(岩波書店、一九九八年七月)を用いた。

なぜ私だけが苦しむのか
——現代のヨブ記　　H. S. クシュナー

2008年3月14日　第1刷発行
2024年4月15日　第17刷発行

訳　者　斎藤《さいとう》 武《たけし》

発行者　坂本政謙

発行所　株式会社 岩波書店
〒101-8002 東京都千代田区一ツ橋 2-5-5

案内 03-5210-4000　営業部 03-5210-4111
https://www.iwanami.co.jp/

印刷・精興社　製本・中永製本

ISBN 978-4-00-603164-0　Printed in Japan

岩波現代文庫創刊二〇年に際して

二一世紀が始まってからすでに二〇年が経とうとしています。この間のグローバル化の急激な進行は世界のあり方を大きく変えました。世界規模で経済や情報の結びつきが強まるとともに、国境を越えた人の移動は日常の光景となり、今やどこに住んでいても、私たちの暮らしは世界中の様々な出来事と無関係ではいられません。しかし、グローバル化の中で否応なくもたらされる「他者」との出会いや交流は、新たな文化や価値観だけではなく、摩擦や衝突、そしてしばしば憎悪までをも生み出しています。グローバル化にともなう副作用は、その恩恵を遥かにこえていると言わざるを得ません。

今私たちに求められているのは、国内、国外にかかわらず、異なる歴史や経験、文化を持つ「他者」と向き合い、よりよい関係を結び直してゆくための想像力、構想力ではないでしょうか。

新世紀の到来を目前にした二〇〇〇年一月に創刊された岩波現代文庫は、この二〇年を通して、哲学や歴史、経済、自然科学から、小説やエッセイ、ルポルタージュにいたるまで幅広いジャンルの書目を刊行してきました。一〇〇〇点を超える書目には、人類が直面してきた様々な課題と、試行錯誤の営みが刻まれています。読書を通した過去の「他者」との出会いから得られる知識や経験は、私たちがよりよい社会を作り上げてゆくために大きな示唆を与えてくれるはずです。

一冊の本が世界を変える大きな力を持つことを信じ、岩波現代文庫はこれからもさらなるラインナップの充実をめざしてゆきます。

（二〇二〇年一月）